Sp 690.16 Hol
Holloway, David, 1944-
Pisos y revestimientos /

34028053123593
CYF $14.95 ocm52983238

EL DECORADOR DEL HOGAR

PISOS
Y REVESTIMIENTOS

EL DECORADOR DEL HOGAR

PISOS Y REVESTIMIENTOS

DAVID HOLLOWAY
Y
FRED MILSON

Título original: Floors & Tiles
Copyright de la primera edición © 1994 New Holland (Publishers) Ltd.

Ninguna parte de esta publicación,
incluido el diseño de la cubierta,
puede ser reproducida,
almacenada o transmitida
en alguna manera ni por ningún medio,
ya sea electrónico, químico, mecánico,
óptico, de grabación o fotocopia,
sin previo permiso del editor.

ISBN N° 987-502-062-1

Copyright de esta edición © 2001 DISTAL S.R.L.
Todos los derechos reservados

Se ha hecho el depósito que marca la Ley 11.723
Prohibida la reproducción total o parcial.

Editorial Distal
Corrientes 913, (C1043AAJ)
Buenos Aires - Argentina
Tel.: 54 – 11- 4326 - 1006
Fax: 54 – 11- 4322 – 0114
E-Mail: distal@ciudad.com.ar

Director: Julian Telias
Edición: Estheban Reynoso
Diseño: Millions Design ; Sarah Kidd
Diseño de portada: Peter Crump
Fotógrafo: John Freeman
Traducción: Mauricio Prelooker
Corrección: Aníbal Yuchak
Armado: Scanman

Primera edición en castellano publicada
por Editorial Distal en coedición con
New Holland (Publishers) Ltd.

LIBRO DE EDICIÓN ARGENTINA

Impreso en Singapur

NOTA DEL EDITOR

El autor y el editor han hecho todos los esfuerzos
necesarios para asegurar que todas las instrucciones
contenidas en este libro sean precisas y seguras,
y no pueden aceptar responsabilidad alguna por cualquier
lesión, daño o pérdida para personas o propiedades,
cualquiera que sea la manera en que ocurran.
Si surge alguna duda en cuanto al procedimiento correcto
a seguir en cualquier tarea de mejoras en el hogar,
busque asesoramiento profesional.

ÍNDICE

INTRODUCCIÓN	6
PREPARACIÓN	10
TOMANDO DECISIONES DE DECORACIÓN	28
PISOS DE MADERA	38
ALFOMBRAS Y ROLLOS PARA PISOS	50
REVESTIMIENTOS	68
GLOSARIO	92
INDEX	93

INTRODUCCIÓN

Los pisos en el hogar son sometidos a una dura prueba. Usted quiere que se vean hermosos, pero al mismo tiempo espera que resistan el movimiento de los muebles, y que actúen sin alterarse como una superficie sobre la cual se vive, se trabaja, se baila, se juega y se transita en forma permanente.

En este libro se describen todos los aspectos relacionados con los pisos: cómo son construidos, cómo se deterioran, cómo se reparan y las muchas formas en que pueden verse hermosos usando diferentes terminaciones, incluyendo pisos de listones de madera, alfombras, pisos vinílicos, corcho, piedra y cerámica.

Pero el libro no se refiere tan sólo a los pisos; la otra mitad del libro es de "revestimientos", que pueden usarse tanto en paredes como en pisos. Podemos usar decorativamente en los livings y dormitorios, y funcionalmente en cocinas y baños, revestimientos cerámicos, de corcho, de espejos y otros para proporcionar superficies que sean atractivas, resistentes y fáciles de mantener limpias.

Detallando la elección de los revestimientos de pisos y paredes disponibles, y esbozando algunos conocimientos prácticos, este libro le permitirá planificar y coordinar los materiales que usted elija con otros elementos de diseño en su hogar para brindar color, textura, ambientación y estilo. También descubrirá, en operaciones detalladas paso a paso, cómo se llevan a cabo las distintas tareas, desde volver a colocar pisos de madera hasta extender alfombras por las escaleras y revestir las paredes.

Las fotos y las ilustraciones en las páginas siguientes le darán una idea de lo que se puede conseguir. Si sigue el asesoramiento que se presenta podrá convertir sus sueños de decoración en realidad.

Los modernos pisos vinílicos pueden brindar toda una gama de efectos realistas: aquí, el aspecto de un piso de parquet de roble americano.

INTRODUCCION

INTRODUCCION

HERRAMIENTAS Y EQUIPOS BÁSICOS

En esta página se muestran algunas de las herramientas y equipos básicos para trabajar en pisos y revestimientos. Es conveniente tenerlas a mano.

1. Taladro eléctrico Necesitará algún tipo de taladro eléctrico, principalmente para hacer orificios en paredes y pisos. Éste es un taladro sin cable, que también puede usarse como destornillador eléctrico. Su batería removible se recarga en el **cargador (2)**. Vale la pena tener dos baterías, de manera de cargar una mientras se usa la otra.

3. Mechas Necesitará una selección de mechas helicoidales y más mechas para mampostería, para perforar paredes y pisos sólidos con el fin de fijar **tornillos (4)** y **tarugos de pared (5)**.

6. Discos abrasivos Para cortar y pulir mampostería (y metal). Se usan principalmente en pisos y revestimientos duros tales como mosaicos (utilizando un disco de pulir mampostería). También se pueden usar (con un disco para cortar mampostería) para cortar cemento o una pared de ladrillos. Se pueden alquilar.

7. Soporte de discos de lija Una placa con una lámina de goma que se puede utilizar en un disco abrasivo y que lleva **discos de lija (8)**. Es útil para pulir madera y remendar paredes cuando se necesita sacar una buena cantidad de materiales.

9. Protectores de ojos y **guantes (10)** Se deben emplear siempre al utilizar herramientas como los discos abrasivos.

11. Banco de trabajo portátil Una parte esencial del equipo, que proporciona una superficie de trabajo (por ejemplo, para cortar revestimientos) en el taller. Se usa como una superficie de soporte con una morsa destinada a fijar los materiales a trabajar.

12. Nivel de burbuja Usado para determinar la verticalidad y la horizontalidad del trabajo, especialmente cuando se marcan las posiciones de los listones (reglas) al preparar el soporte del revestimiento. También se puede usar como una regla metálica.

13. Sierra de calar Útil para cortar curvas y hendiduras en la madera, especialmente cuando se fijan pisos de madera alrededor de elementos molestos como los caños.

8

INTRODUCCION

15. Clavos para mampostería Necesitará algunos para fijar los listones de guía cuando coloque revestimientos de paredes. Al martillar emplee protectores oculares, pues pueden saltar inesperadamente al intentar clavarlos.

16. Destornilladores Se necesita una selección de destornilladores para trabajos tanto en los pisos como los revestimientos, incluyendo por lo menos un destornillador para tornillos con cruz (Phillips).

17. Martillo Esencial para clavar tablones de piso, introducir clavos de mampostería, y varias otras tareas. Las orejas en la cara opuesta a la cabeza sirven para extraer clavos.

18. Cinta métrica Una cinta métrica retráctil de acero es esencial. Elija una por lo menos de tres metros o preferiblemente de 5 m. No intente medir en forma precisa con una cinta métrica de tela.

19. Regla de acero Sirve a la vez para medir pequeñas distancias y para usar sus bordes como guía para cortar revestimientos de corcho con un cortante. Para realizar cortes más largos (en planchas de linóleum o vinílicas) necesitará una regla metálica más larga, aunque podría usar el borde de un nivel de burbuja metálico largo (12).

20. Escuadra de carpintero Tiene su hoja de acero exactamente en ángulo recto con su manija de madera y se usa de dos maneras: una para controlar que dos superficies están en ángulo recto (por ejemplo, la escuadría de los listones de guía para revestir muros); la otra para marcar una línea para corte en ángulo recto con un **lápiz (21)** sobre una superficie como el extremo de un tablón de piso.

22. Cortante Un cortante realmente afilado es la mejor forma de cortar revestimientos blandos y materiales como el cartón prensado. Use siempre un cortante con el filo retráctil para guardar la hoja después de usarla; el **cortante mini** mostrado en la figura **(23)** tiene hojas fraccionables que se tiran, para tener siempre un borde afilado.

14. Serrucho de espigar (serrucho con refuerzo) No es la forma más rápida de cortar madera pero es una de las más precisas. Es esencial para terminar pisos de madera (como los parquets) y para cortar pequeños listones. Para cortar pisos de tablones y listones de piso del largo adecuado, un serrucho común es una herramienta más adecuada.

PREPARACIÓN

Cuando llega el momento de reemplazar o cambiar la terminación de un piso, se presenta la oportunidad de verificar que sus pisos están estructuralmente sanos, buscando signos de daños localizados, infestaciones del gusano de la madera, y asegurando que la superficie está nivelada. Cualquiera que sea el revestimiento de piso que elija –alfombrado, tablones de madera, cerámica dura o baldosas– no logrará el efecto de primera categoría que busca sin una cuidadosa preparación. Este capítulo se refiere a las estructuras de los pisos en general, asesora sobre la forma de identificar posibles problemas y esboza estrategias de reparación para todos los tipos de pisos, incluyendo los de las escaleras.

Antes de extender ninguna cobertura nueva de piso, como este parquet clásico, la parte inferior del piso requiere una meticulosa preparación para asegurar que está seco, nivelado y liso.

PREPARACION

EVALUANDO LA SITUACIÓN

Antes de decidir lo que debe hacer con sus pisos y la mejor forma de tratarlos, conviene saber cómo se construyeron, los diferentes materiales utilizados y las formas en que se fijan o ensamblan. Los pisos se dividen en dos tipos: compactos y suspendidos.

PISOS COMPACTOS

Un piso compacto consiste en una capa niveladora de cemento y arena colocada sobre una capa sólida de concreto que a su vez se asienta sobre un contrapiso. Éste consiste en una mezcla de piedra y ladrillos partidos y arena gruesa que se empareja sobre la superficie del terreno después de haberlo emparejado y proporciona una base firme y nivelada para la capa principal de mezcla con cemento. Normalmente, el contrapiso sirve de base a una capa de 50 mm de material más fino (arena fina y gruesa) para rellenar los huecos, lo cual proporciona una superficie suave y pareja sobre la cual se extiende una membrana impermeable que normalmente es de polietileno resistente con un espesor de 1000 micrones. Esta membrana es esencial para impedir que la humedad ascienda a través del contrapiso; los bordes de la membrana deben estar unidos a la membrana impermeabilizadora de los muros de la habitación, lo cual impide que la humedad suba a través de la mampostería. Algunas veces la membrana impermeable se coloca por debajo del contrapiso.

El espesor del contrapiso se hace normalmente entre 100 y 150 mm y, en las obras modernas, se coloca una capa de poliestireno expandido, que queda debajo de la capa niveladora de cemento y arena, para proporcionar aislamiento térmico. La capa niveladora tiene entre 50 y 65 mm de espesor si la membrana impermeable se coloca sobre el contrapiso.

Las casas más viejas no tienen ningún aislamiento térmico y en general tampoco disponen de membranas impermeables. Si tienen una, es probable que se encuentre deteriorada.

PISOS SUSPENDIDOS

Un piso de madera suspendido tiene dos partes: los tirantes (o vigas) que van en una dirección y el entablonado del piso que va en dirección perpendicular.

Los tirantes del piso son sostenidos por las paredes exteriores de la habitación (y en los pisos de las plantas bajas, por largueros, viguetas o durmientes), sea poniéndolos en huecos dejados en las paredes, o bien mediante soportes fijados a las paredes. Las vigas de enlace de madera se usan por encima de las viguetas (hiladas de ladrillos de soporte), separadas por una capa impermeabilizadora. Los tirantes usados para sostener los pisos superiores son más grandes que los que se usan en las plantas bajas, porque están colocados a mayor distancia unos de otros, y los puntales están colocados, por lo general, entre las vigas.

Los tablones de madera son la forma tradicional de crear un piso suspendido. En las casas modernas a menudo son reemplazados por planchas de aglomerado de madera de grano fino, especial para pisos. Tanto los pisos de tablones como los de madera aglomerada pueden tener sus bordes lisos, o bien machimbrados, o sea que de un lado tienen una canaleta y del otro un borde saliente que se encaja en la canaleta. Los tablones machimbrados tienen la ventaja de ajustarse en forma más segura sin dar lugar a grietas; su desventaja es la dificultad que presentan si se quiere quitarlos en el futuro.

Las vigas de los pisos superiores también tienen la función de sostener el cielorraso del cuarto de abajo. Comúnmente se trata de paneles de yeso (paredes secas o planchas de yeso) clavados a la parte inferior de las vigas.

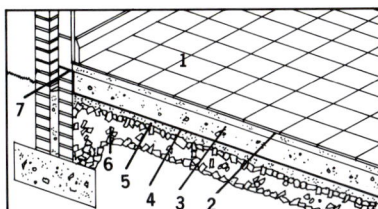

1 TERMINACIÓN DEL PISO
2 CAPA NIVELADORA
3 CONTRAPISO
4 MEMBRANA IMPERMEABLE
5 CAPA DE CEMENTO Y ARENA
6 NÚCLEO DURO
7 MEMBRANA IMPERMEABLE EN LA PARED

PISOS COMPACTO
Los componentes de este piso, mostrados aquí como una serie de capas en una casa con paredes de ladrillos huecos.

PISOS SUSPENDIDOS DE MADERA
Un piso de madera en una planta baja, apoyado sobre mini-paredes en panal de abejas.

1. PISO DE TABLAS DE MADERA
2 TIRANTES
3 MEMBRANA IMPERMEABLE
4 VIGA MAESTRA
5 ZOCALO DE APOYO

TERMINACIONES PARA PISOS DE MADERA
De arriba abajo: Tablón recto de madera angosto, tablón machimbrado en los extremos, tablón ancho simple, tablón de aglomerado para pisos machimbrado.

11

PREPARACION

> **MARCAR CAÑOS Y CABLES**
>
> Para evitar cualquier confusión, conviene marcar la ubicación de los caños y cables, pintando –por ejemplo– líneas blancas sobre los tablones, salvo que éstos ya estén acabados con barniz.

INSTALACIONES DEBAJO DEL PISO

En el espacio por debajo de los pisos de listones de madera o de parquet pueden instalarse servicios tales como cables eléctricos, cañerías de gas, agua y calefacción central. En los pisos compactos estos servicios pueden incluirse dentro del cemento o bien colocarlos dentro de un tubo. En algunas casas, bajo esos pisos pueden haberse instalado cables eléctricos para calefaccionar los ambientes en forma de losa radiante.

Si existen estas instalaciones debajo de los pisos suspendidos debe tenerse particular cuidado cuando se realizan perforaciones, se usan clavos para colocar los listones de madera o se utiliza una sierra para retirar un tablón o parquet del piso. Se puede emplear un simple detector de metales para establecer la posición exacta de los caños y cables.

Por debajo de los pisos suspendidos de la planta baja se pueden mantener los caños y los cables por debajo de las vigas, pero en los pisos superiores estas instalaciones deben colocarse entre los pisos y el cielorraso de la planta inferior. Donde sea posible, es preferible que caños y cables corran en forma paralela a las vigas y fijados a éstas en la parte inferior, para disminuir los riesgos cuando se quiera hacer algún trabajo desde arriba. En los lugares donde la cañería deba instalarse atravesando las vigas o tirantes (o sea paralela a los listones de piso), los cables eléctricos deben pasarse por orificios realizados en el medio del espesor de los tirantes, para ubicarlos lo más lejos posible de los clavos o tornillos usados para fijar los tablones del piso. En unos pocos casos es posible instalar los caños de agua, gas y calefacción central de este modo, pero generalmente deben instalarse en muescas cavadas en la parte superior de los tirantes. Para proteger estas cañerías de los clavos o tornillos, puede colocarse una chapa metálica cubriendo la muesca. En los pisos compactos los cables y caños no deben estar en contacto directo con el cemento, para lo cual deben protegerse de alguna manera.

Para los cables eléctricos la mejor solución consiste en tenderlos dentro de un caño metálico incluido en el contrapiso. Para las cañerías de agua o gas lo mejor es instalarlas debajo de una pieza especial con una tapa removible que permita el acceso al caño en el caso de pérdidas, especialmente en el lugar donde existen uniones de caños. Estas cañerías deben estar bien aisladas. En las casas más antiguas es posible que los caños se encuentren directamente dentro del cemento.

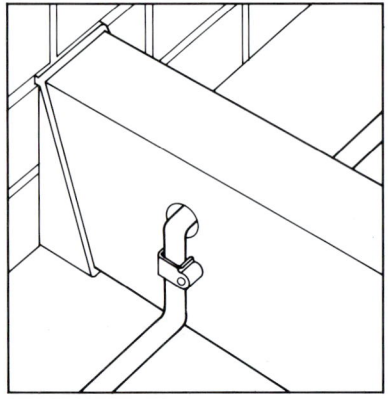

CABLE QUE CORRE BAJO LOS PISOS

Arriba: *El mejor lugar para instalar un cable eléctrico es a través de un orificio realizado en el centro de un tirante. Si se debe realizar una muesca arriba del tirante, proteja un cable o una tubería con una chapa metálica atornillada a la parte superior del tirante.*

Abajo izquierda: *Las tablas de pisos pueden esconder cañerías de calefacción central aisladas y conductores eléctricos. Observe que las cañerías normalmente corren en muescas recortadas en la parte superior de los tirantes.*

Arriba: *Un simple detector de cañerías y cables puede indicar dónde están los servicios bajo un piso de madera suspendido.*

DIAGNOSTICANDO PROBLEMAS

No tiene sentido colocar un piso nuevo sobre una base deficiente, de tal modo que lo primero que debe hacerse es evaluar el estado en que se encuentra el piso.

PISOS COMPACTOS

Las dos cosas principales que debe tener en cuenta en este tipo de pisos son los desniveles o roturas de la superficie y la humedad.

Algunos revestimientos de pisos (como el corcho o los listones finos de madera) requieren una base absolutamente plana. En estos casos, un piso desigual tiene que ser nivelado de alguna manera antes de colocar otro revestimiento más resistente sobre el mismo. Si el piso es robusto, sólido, sano y básicamente seco se puede nivelar con facilidad usando un compuesto especial para este fin (ver páginas 26-27).

También se pueden manejar pisos ligeramente húmedos, pero si comienzan a resquebrajarse o a dar señales de que asciende mucha humedad podría ser necesario sacar todo y volverlo a colocar, lo cual representa un esfuerzo más importante. Cuando deba manejar un piso húmedo es necesario sabe si el problema es la humedad que asciende o la condensación (ver pagina 26 para detalles).

PISOS SUSPENDIDOS DE MADERA

Un piso de este tipo puede tener problemas más graves: la triple calamidad de la humedad, la descomposición y el gusano de la madera. Antes de colocar un nuevo piso debería levantar unos pocos tablones del piso y mirar abajo con una linterna, pinchando cualquier área sospechosa con un instrumento agudo, como un destornillador fino o una lezna.

HUMEDAD En los pisos de madera, tanto en los listones como en los tirantes, con la humedad comienzan todos los problemas, pues aumenta mucho la posibilidad de descomposición y del ataque del gusano de madera. Por este motivo, las paredes alrededor de un piso de madera deberían tener ladrillos huecos para producir una corriente de aire que permita mantener secas las maderas. Algunas personas bloquean las ventilaciones creyendo ahorrar dinero en los costos de calefacción, o bien pueden quedar tapadas accidentalmente. En primer lugar asegúrese que estos ladrillos huecos están destapados y que existe una buena cantidad de ellos; debería haber un ladrillo hueco por cada 1,2 metros de pared.

DESCOMPOSICIÓN HÚMEDA El daño causado por el agua puede ser un serio problema, que genera decoloración y deterioro de la madera, pero la descomposición es aún peor. La descomposición húmeda es la más común y se caracteriza por el oscure-

DETERIORO POR EL AGUA

Izquierda: *Éste es un típico ejemplo de deterioro por humedad en la superficie de las tabla de pisos. Sospeche la presencia de putrefacción por debajo.*

DESCOMPOSICIÓN POR HUMEDAD

Abajo: *El estado ruinoso y decadente de estos tablas de piso muestra los signos inconfundibles de la descomposición por humedad.*

PREPARACION

cimiento, el ablandamiento y el desgranamiento de la madera, a menudo con la madera rajándose a lo largo de la veta. Se puede enterrar con mucha facilidad un instrumento agudo en las zonas afectadas. Afortunadamente, no es difícil reparar el daño una vez que se ha recortado la madera podrida, sea usando un endurecedor especial, seguido por un sellador si el daño es restringido o reemplazando la madera en caso de roturas más grandes.

DESCOMPOSICIÓN SECA Sin embargo, la descomposición seca es aún mucho más grave. Se caracteriza por hebras grises y blancas sobre la superficie de la madera, que se quiebra en forma de cuadraditos. En los casos extremos se pueden formar "cuerpos frutados" (una invasión de hongos) en la parte de abajo de los tablones del piso o en los tirantes. El problema de la llamada descomposición seca (un nombre que induce a error, pues estos problemas sólo se presentan en la madera húmeda) consiste en que puede "contagiarse" a las paredes de mampostería. La única solución consiste en eliminar y quemar toda la madera atacada (y el enyesado) y reemplazarlos con materiales nuevos, tratando todas las superficies expuestas con un fungicida especial para prevenir nuevos ataques, tarea que probablemente es mejor dejar en manos de una firma especializada.

GUSANO DE LA MADERA Lo que se conoce genéricamente como "gusano de madera" es un ataque de escarabajos voladores, que depositan sus huevos en hendiduras y resquicios de la madera. Cuando las larvas salen del cascarón, horadan la madera y luego se quedan allí durante cuatro años, comiendo a medida que avanzan, y debilitando la madera. Finalmente se convierten en escarabajos voladores, encuentran el camino para salir de los pisos y vuelan para depositar sus huevos en otra parte. Las pistas para detectar un ataque de gusano de madera son los orificios que hacen los escarabajos para salir. Esto significa que los pisos fueron atacados, pero no que los gusanos estén todavía allí. No obstante, si advierte estos "orificios voladores" debe tratar la madera con un veneno para gusanos de madera, en especial si encuentra polvillo fresco (excrementos de gusanos) que indican que un escarabajo se ha ido en fecha reciente. El tratamiento de una pequeña zona atacada puede ser resuelto mediante bricolaje, pero si el daño es muy extenso, debe recurrir a una firma profesional que cuente con el equipamiento necesario (vaporizadores y arpones) para alcanzar todas las zonas que podrían haber sido afectadas.

PISOS FLOJOS Y QUE REBOTAN Antes de colocar cualquier revestimiento sobre un piso existente, es esencial caminar por todo el piso para estar seguro de que no hay tablones flojos.

Saltar sobre el piso –probando el rebote– no sólo le revelará cuáles son las tablas que están sueltas sino también los tirantes que puedan estar debilitados por la descomposición o el gusano de la madera.

Todos estos problemas deben ser resueltos tal como se indica en las páginas 16-19.

> **BUSCANDO ASESORAMIENTO PROFESIONAL**
>
> Existen empresas especializadas capaces de solucionar problemas de humedad, putrefacción y gusanos de madera. Si su inspección inicial indica que podría ser un gran problema, debería llamar una o más de estas firmas para que evalúen la magnitud de los daños y le den una estimación de costos para solucionar estos problemas en forma definitiva. También pueden sugerir impermeabilización de las paredes si éste es el origen del problema de la humedad. Observe que aun con los insecticidas de hoy, más inocuos ambientalmente, es probable que deba evacuar la casa al menos durante 24 horas después de un tratamiento contra el ataque del gusano de madera.

LA PRUEBA DEL SALTO
Antes de colocar cualquier nueva cobertura de piso, haga una serie de saltos de prueba, flexionando las tablas del piso para identificar las que estén sueltas y sus tirantes debilitados.

PREPARACION

HERRAMIENTAS Y EQUIPOS PARA REPARAR PISOS

Se necesitan algunas herramientas especiales para reparar pisos de madera, además de las herramientas generales que se muestran en las páginas 8 y 9.

1. Nivel largo de burbuja Esencial para comprobar la horizontalidad de los pisos. Elija uno que tenga por lo menos 750 mm de longitud y si es metálico puede duplicar su utilidad como regla para cortar.

2. Martillos Use un pequeño martillo con una punta (el de arriba) y un martillo mediano (el de abajo) con una garra para sacar clavos, tachuelas y espigas.

3. Tachuelas de piso Son clavos comunes recortados que se usan para fijar los tablones al piso. Se clavan atravesando la madera y sus cabezas quedan niveladas con la superficie de los tablones.

4. Clavos Se pueden usar clavos ordinarios para fijar transitoriamente los tablones o listones de madera (ganchos).

5. Fresa cónica de mano Este instrumento manual se usa para hacer lugar a la cabeza de un tornillo en la madera.

6. Bloque de carborundum Se puede usar para alisar pisos compactos después de usar un compuesto nivelador de pisos.

7. Detector de caños y cables Se puede emplear para determinar la posición de los servicios que corren bajo un piso de madera suspendida.

8. Detector de ganchos y tirafondos Registran la posición de los tirantes de los pisos.

9. Pala de acero Conocido también como cuchara de yesero, se puede utilizar para esparcir cemento y material para nivelar pisos sobre un piso compacto y para reparar daños en paredes enyesadas.

10. Pala en diente de sierra Se usa principalmente para esparcir adhesivos de piso dejando una capa acanalada para sostener revestimientos como los cerámicos.

11. Pala de piso Es de mayor tamaño que la pala de yesero y resulta ideal para esparcir un enrasador o una mezcla niveladora de pisos sobre una gran superficie. Tiene un área mayor y uno de sus extremos es puntiagudo para facilitar el trabajo en las esquinas.

12. Serrucho de piso Especialmente diseñado para cortar a través de listones y a lo largo de los huecos y revestimientos cóncavos y convexos. Se usa para cortar los tablones.

PREPARACION

REPARANDO PISOS DE MADERA

Aunque su piso de madera no tenga los problemas serios descriptos en las páginas 13 y 14, puede haber algunos problemas menores que deben ser resueltos antes de usar el piso como base para un material de revestimiento o para lijarlo y sellarlo.

TABLONES FLOJOS

Haciendo la prueba de saltar sobre el piso (ver página 14) pronto descubrirá qué tablones están flojos y cuáles quedaron firmes.

A menudo los tablones flojos son el resultado de que alguien los levantó en el pasado y no los volvió a colocar en forma apropiada, o bien que los orificios de los clavos se han desgastado debido a que se sacaron y volvieron a colocar repetidas veces.

A menos que sepa exactamente dónde están los cables eléctricos y las cañerías bajo el piso es siempre preferible volver a utilizar los mismos orificios en lugar de colocar los clavos en posiciones nuevas, que podrían estar directamente sobre un cable o una cañería.

A veces se puede asegurar un tablón flojo golpeando el clavo existente en su lugar (todos los clavos que sobresalen deberían ser clavados por debajo de la superficie antes de usar una máquina lijadora de piso o de extender cualquier tipo de revestimiento). Si el orificio del clavo está agrandado es mejor sacar el clavo y poner en su lugar un tornillo. Elija uno de un tamaño por lo menos tan largo como el clavo y de un diámetro que se adapte al orificio existente y use una fresa de mano para hacer una muesca en la madera destinado a albergar la cabeza del tornillo. Es mucho más fácil colocar los tornillos con un destornillador eléctrico que con uno manual, especialmente si se deben colocar muchos.

REEMPLAZANDO TABLAS DEL PISO

A veces un piso de madera se raja o una parte del mismo se rompe; la solución generalmente consiste en reemplazar las tablas deterioradas. Si es un tramo corto (tal vez recortado en ocasión de instalar nuevos cables o la calefacción central) puede reemplazar toda la tabla. Si se trata de una parte deteriorada en un tablón, se puede cortar y reemplazar el área dañada.

Para cortar un tablón existente se debe levantar desde un extremo, en este caso el que está deteriorado, usando un escoplo o cortafierro y una maza para hacer palanca e insertar cuñas en los costados hasta que salte sobre el tirante donde se propone cortar (tal vez dejando los clavos atrás). Luego se puede usar un serrucho especial (serrucho de piso) para cortar el listón exactamente en el centro de un tirante, que debería quedar visible; si no sabe dónde se encuentra el tirante puede localizarlo deslizando un cuchillo fino a lo largo de la unión entre dos tablas hasta que encuentre resistencia. Este tipo de serrucho tiene un borde aserrado curvo que permite cortar el listón sin deteriorar los que se encuentran a los lados.

Se corta una tabla de igual tamaño a la brecha dejada y se coloca en ese lugar con nuevos clavos o tornillos. En primer lugar verifique que el espesor del tablón y el ancho del mismo sean iguales al de los otros; saque el material excedente con un cepillo antes de colocarlo, en caso necesario.

Si el listón a reemplazar está machimbrado antes debe eliminar la parte saliente. Esto puede hacerse con un serrucho de piso o con una sierra circular regulando la profundidad del corte, de manera que sea apenas menor que el espesor de los listones.

Antes de usar cualquier tipo de serrucho o sierra es esencial verificar la existencia debajo de los listones de cables eléctricos y/o cañerías.

REMOVIENDO TABLONES MACHIMBRADOS
Arriba: Use un serrucho de piso para recortar los salientes de los pisos machimbrados antes de levantarlos.

REEMPLAZANDO TABLONES
Derecha: Use un punzón para introducir las espigas de fijar pisos por debajo del nivel de los tablones. Resulta esencial antes de extender un nuevo revestimiento del piso o de lijar los tablones.

PREPARACION

CAJA PARA INSPECCIÓN

Aunque las tablas del piso sean sanas y sólidas y se encuentren bien fijadas, tal vez sea necesario eliminar una parte para inspeccionar qué pasa debajo del piso o bien poner una nueva boca de iluminación en el cuarto de abajo. La solución consiste en recortar una tabla usando una sierra de calar. Debe hacerse en el borde de un tirante, ubicado mediante un cuchillo tal como se indicó anteriormente en *Reemplazando tablas del piso*. Para tablas machimbradas puede usar un detector de tirantes o bien seguir el recorrido de los clavos, que deben estar ubicados directamente sobre los tirantes. En un tirante común de 50 mm, el borde debería estar a unos 25 mm a cada lado de la línea de clavos.

Es *vital* verificar si hay cables o cañerías bajo las tablas antes de cortar un listón de esta manera.

Para iniciar el corte con la sierra de calar, perfore primero un orificio en el borde del listón en el filo del tirante y luego recorte el listón colocando la sierra en un ángulo de 45 grados; una sierra circular puede ser empleada también para hacer el corte de esta manera. Haga un corte similar en el otro extremo de la parte que quiere sacar, a menos que se encuentre cerca de la punta de la tabla. Salvo que la pieza a retirar se encuentre entre dos tirantes adyacentes (en cuyo caso todo lo que hay que hacer es levantarla) el primer corte debe permitir levantar el extremo del listón (después de recortar los bordes salientes en una tabla machimbrada).

Antes de reemplazar la tabla del piso, corte una madera de 50 mm de espesor y la misma altura que el tirante y un poco más larga que el ancho de la tabla a reemplazar y atorníllela al tirante para que funcione como un sostén para el tramo nuevo. Si hizo el mismo tipo de corte en el otro extremo, coloque otro taco de igual manera.

CORTANDO UNA CAJA PARA INSPECCIÓN

1. Primero perfore el borde de la tabla cerca de un tirante. Esto proporciona un orificio de acceso para la hoja de la sierra caladora.

2. Luego use la caladora para cortar la tabla del piso en un ángulo de 45 grados.

3. Levante o haga palanca para sacar el trozo de tabla.

4. Antes de volver a colocar la sección cortada de la tabla, perfore con un taladro el costado del tirante y fije un taco para apoyar la tapa de la caja.

PREPARACION

RENDIJAS DE LOS PISOS

En muchas casas antiguas los pisos pueden tener rendijas importantes que, si se dejan sin reparar, pueden hacer que los pisos "silben" cuando entra viento.

Las rendijas grandes pueden rellenarse con tiras de madera del tamaño de la rendija mediante golpeteos de martillo para que calcen: es una buena solución si la idea es lijar el piso para que conserve su aspecto natural. Las tiras se embeben con cola para madera y se golpetean para insertarlas usando un trozo de madera para protegerlas. Una vez que la cola esté seca, cepille o lije el piso.

Una alternativa consiste en usar un sellador flexible para madera, pero no el sellador rígido que se emplea para reparar paredes, porque no se adapta al movimiento natural de la madera al variar los niveles de humedad. Otra opción consiste en usar papel maché, confeccionado con tiras de papel blanco y engrudo para empapelados; se lo introduce en las rendijas y se deja secar. En todos estos casos, los diversos selladores pueden colorearse para que entonen con la madera del piso; mejor aún, todo el piso puede ser teñido de un color uniforme.

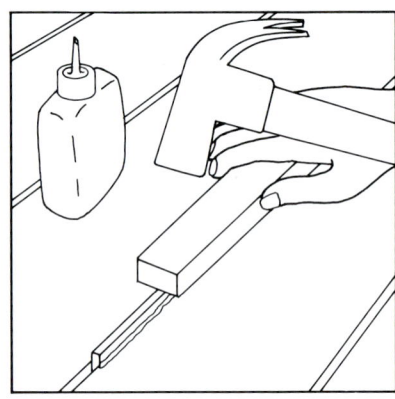

Coloque martillando delgadas tiras de madera para rellenar las distancias entre las tablas del piso.

PISOS RUIDOSOS

Para "curar" un piso ruidoso reemplace los clavos por tornillos. Haga primero una muesca para ubicar las cabezas fresadas de los tornillos.

RELLENANDO RENDIJAS ENTRE TABLAS

1. Un método de sellar las uniones entre tablas consiste en usar un sellador flexible para madera.

2. El sellador, las varillas de relleno y el papel maché pueden colorearse si se quiere dejar el piso de madera a la vista.

PREPARACION

AISLANDO PISOS SUSPENDIDOS

Hay dos razones por las cuales puede querer aislar un piso suspendido. En la planta baja, el principal motivo es generalmente detener las pérdidas de calor hacia la tierra; en los pisos superiores el motivo será aislar el ruido a través del piso.

Aislar los pisos no es fácil, pues implica levantar toda la cubierta; es algo que usted no encararía a menos que tenga que sustituir las tablas del piso de todos modos. Hay dos tipos de materiales aislantes: laminados o bloques. Las láminas aislantes se venden para usar en los altillos o desvanes, y lo mejor para sostenerlas es usar un tejido de alambre.

Los bloques de aislantes rígidos se venden principalmente para aislar paredes huecas, pero se los puede usar para aislar pisos si se cortan del ancho entre los tirantes y se colocan como cuñas.

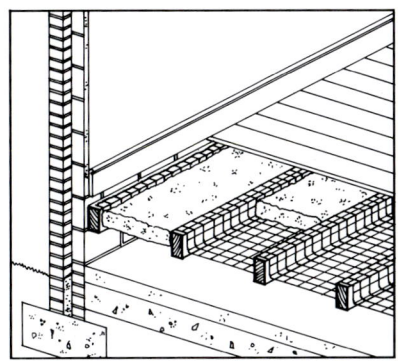

AISLANDO PISOS
Para aislar un piso suspendido cuelgue un alambre tejido sobre los tirantes para sostener las láminas de aislamiento.

REPARACIONES DE LOS TIRANTES

Si los tirantes han sido sobrecargados o son demasiado pequeños para los intervalos en que deben funcionar, pueden haberse combado, de tal modo que el piso se vuelve elástico. Esto podría haber ocurrido también a causa de que los durmientes o pilares cedieron, o por un debilitamiento de los tirantes o de las vigas maestras como resultado de la descomposición o del ataque del gusano de madera. En estos casos puede ser necesario reemplazar o reforzar uno o más tirantes.

Reemplazar todo un tirante casi seguramente requiere el levantamiento de todo el piso, pues recortar todas las tablas por sobre un único tirante exige casi el mismo trabajo. En el caso de que un tirante entero deba sustituirse, lo más probable es que suceda lo mismo con otros. En los pisos superiores también tendrá que renovar una parte del cielorraso o todo lo que se encuentra debajo del piso. El nuevo tirante puede ser colocado en los mismos soportes que el anterior.

Los tirantes pueden ser reforzados colocando otro al lado sin retirar el existente.

Si un tirante está curvado hacia ambos lados se puede corregir la comba, colocando nuevos puntales o adicionales entre los tirantes enderezando primero la comba con un gato de automóvil. Los extremos de los puntales de 50 x 25 mm son colocados en ángulo (zig-zag) para que calcen con los puntales y clavados en pares a intervalos de 1 metro. Introduzca los clavos parcialmente en la madera antes de ubicar los puntales y termine de clavarlos a los lados del tirante.

COLOCANDO NUEVAS TABLAS DE PISO

Cuando un piso de madera se ha deteriorado demasiado puede encararse el reemplazo de todo el entablonado, especialmente si no quiere tener un revestimiento de piso diferente. En caso contrario, será más fácil colocar una plancha de aglomerado.

Para colocar nuevas tablas de piso se deben eliminar las existentes junto con todos los zócalos. Verifique por completo el estado de los tirantes para determinar el grado de deterioro, la resistencia, robustez y nivel, y repárelos, refuércelos o reemplácelos en la medida necesaria. Si está instalando un aislamiento complete la instalación antes de empezar a colocar las nuevas tablas.

Cuando extienda las nuevas tablas de piso es muy importante que cada tabla se ajuste firmemente contra la siguiente. Se pueden comprar grapas especiales para pisos que se agarran al tirante obligando a la tabla a mantenerse rígida.

Las tablas del piso deben ser cortadas con la misma longitud del cuarto menos 20 mm y cualquier tabla de longitud menor debe cortarse de tal modo que el extremo libre quede centrado sobre un tirante. Ubique el primer tablón con su borde a 10 mm de la pared y con el lado rehundido del machimbre hacia la pared. Clávelo con dos clavos en el centro de cada tirante, manteniéndose bien lejos de cualquier cañería o cable colocados en muescas de los tirantes. Luego coloque las primeras cinco o seis tablas usando las grapas de piso para obligar a todo el grupo de tablas a quedar rígidamente unidas. Para impedir que la parte saliente del machimbre se dañe calce las distintas tablas haciendo que las lengüetas coincidan con la ranura del machim-

---

PISOS RUIDOSOS

Atornillar los tablones de los pisos silenciará la mayor parte de los ruidos, provenientes de tablas sueltas que rozan entre sí, o contra los tirantes.

Otra posible causa de los crujidos de los pisos es el debilitamiento de los tirantes, permitiendo que las tablas se flexionen (algo que la prueba del salto debería revelar); esto podría exigir medidas más drásticas para reforzar (o en casos extremos, reemplazar) los tirantes. Ver *Reparación de tirantes*.

Un ruido proveniente de debajo de las tablas puede ser provocado también por cañerías de calefacción central raspando contra las muescas de los tirantes cuando se expanden y se contraen al calentarse y al enfriarse. La solución consiste en levantar las tablas del piso en la parte de donde sale el ruido (debería ser fácil identificarla pues antes debió levantarse para colocar la tubería) y luego colocar espuma aislante alrededor del caño que está en contacto con el tirante, agrandando la muesca si fuera necesario. Bajo los pisos de la planta baja, es necesario aislar toda la cañería.

---

bre. Cuando haya hecho coincidir este grupo de tablas, clávelas a los tirantes y siga con el grupo de al lado.

Continúe con este procedimiento hasta llegar al otro extremo del cuarto y cepille la última tabla para que llene el espacio hasta la pared, dejando un espacio de 10 mm. El espacio faltante será cubierto por los zócalos. Cuando la entrante de la última tabla no coincide con la saliente de la penúltima, recorte el borde inferior de la parte cóncava para que calce en su lugar.

19

PREPARACIÓN

REPARANDO PISOS DE AGLOMERADO

Los pisos de aglomerado requieren pocas reparaciones, a menos que se hayan humedecido o que sea necesario hacer una caja de inspección para tener acceso a cables o cañerías. Como las grandes planchas pueden curvarse, es muy difícil, pero no imposible, eliminarlas una vez colocadas.

También puede ocurrir que un piso de aglomerado se curve si no se colocaron soportes adicionales entre los tirantes para sostener los bordes de las planchas cuando se colocó el piso por primera vez.

SACANDO TABLAS DE AGLOMERADO

Para sacar todo un panel de aglomerado lo primero que tiene que hacer es redondear los cuatro bordes para eliminar salientes, usando la sierra circular regulada para que el corte sea apenas menor que el espesor de las tablas. De este modo no se causa daño a los tirantes o a cualquier cable eléctrico o cañería situados abajo. Luego saque los tornillos o hunda los clavos antes de levantar la tabla vieja. Corte los salientes de la nueva tabla antes de volver a colocarla y llene el hueco con sellador de madera.

Para recortar una sección encuentre los tirantes con un detector, para lo cual los tornillos o los clavos servirán de guía. Luego use una sierra circular para hacer dos cortes a lo largo de los bordes de los tirantes adyacentes (o saque dos tablas paralelas para una mayor inspección o en el caso de daños más extensos), con dos cortes adicionales en ángulo recto para escuadrar el panel. Elimine cualquier tornillo o hunda cualquier clavo dentro del panel y haga palanca hacia afuera. Antes de colocar una nueva sección atornille las tablas a los lados de los tirantes y si fuera posible cruce listones de madera entre las vigas y tirantes para sostener los bordes. Si alguno de estos bordes no queda sostenido, atornille los listones a la parte inferior del aglomerado que rodea la trampa (atornillando a través del aglomerado estos listones) para sostener adecuadamente la sección recortada.

Para prevenir que el aglomerado se humedezca en el futuro, selle la superficie y todos los bordes de la plancha con sellador de madera.

COLOCANDO PISOS NUEVOS DE AGLOMERADO

Asegúrese que cualquier aglomerado que compre sirva para pisos. Éstos vienen en dos espesores: 19 mm y 22 mm. Use los de 19 mm para los tirantes colocados a menos de 45 mm entre sí.

Se venden planchas de aglomerado tanto con bordes lisos como machimbrados. La ventaja de estos últimos es que los bordes que se encuentran en ángulo recto con los tirantes se sostienen entre sí, y eso impide tracciones. Por otra parte, es más difícil levantarlas en el futuro.

Los aglomerados para pisos se venden en grandes planchas de 2,44 x 1.22 metros y se pueden ubicar sobre el piso de tal manera que los bordes del lado corto de una plancha se encuentren en el centro de un tirante. Se venden planchas más pequeñas para boardillas.

Cuando se usan aglomerados de cantos rectos, donde se encuentran las esquinas coloque

COLOCANDO PISOS DE AGLOMERADO

1. Los pisos de aglomerado pueden tener machimbres, de tal modo que una pieza se ajusta con la siguiente.

2. Es mejor fijar las piezas de aglomerado con tornillos fresados; perfore primero un orificio de guía en el aglomerado.

PREPARACIÓN

puntales de 50 x 75 mm entre los tirantes.

Comience en un ángulo del cuarto, dejando un espacio de unos 10 mm entre la pared y el borde sin lengüeta de la plancha (elimine primero todos los zócalos). Atornille la plancha a los tirantes espaciando los tornillos con un intervalo de unos 300 mm. Primero realice agujeros de guía en el aglomerado y luego haga un cono para insertar la cabeza del tornillo con un taladro sin cable o un destornillador a pilas, que harán mucho más fácil todo el trabajo. Ubique la segunda plancha de forma tal que los bordes cortos no se alineen y trabaje alrededor del cuarto, cortando finalmente las planchas para que calcen en todos los bordes. Donde haya uniones de cañerías o accesorios eléctricos bajo el piso recorte una tapa de inspección y calce las maderas de sostén debajo tal como se indicó. Para colocar esta tapa use un recorte con una canaleta y con una maza golpee la plancha que acaba de colocar, lo cual impedirá cualquier daño accidental.

Para cortar el aglomerado use una sierra circular con una hoja de acero al carbono-tungsteno. Las hojas ordinarias se desgastan muy rápido y los serruchos manuales, aún más pronto.

NIVELANDO LOS PISOS

Si un piso de madera (de tablas o aglomerado) es básicamente firme y seco, pero ligeramente desparejo, se puede alisar antes de colocar algún tipo de revestimiento (especialmente alfombras y placas finas) para brindar una superficie lisa y nivelada.

El material de uso más fácil es una plancha de cartón prensado (hardboard) colocada con el lado áspero hacia arriba. Al igual que el aglomerado, viene en grandes planchas, pero es relativamente fácil de cortar con una cuchilla afilada, y se pueden obtener planchas más pequeñas si se necesitan. Deberían dejarse las planchas de cartón prensado durante un par de días en el cuarto antes de colocarlas, para que tomen la temperatura y la humedad ambiental. Clávelas a los listones del piso usando clavos especiales para este material, a intervalos de unos 150 mm, asegurándose que la cabeza del clavo no sobresale de la superficie del cartón. Deje tapas de acceso si fuera necesario.

Como alternativa al cartón prensado puede usarse madera contrachapada de 6 mm asegurándolas a las tablas de piso o aglomerados con tornillos de cabeza fresada. Si bien es una solución más costosa, se obtiene un resultado más firme; en pisos muy desparejos, el cartón prensado tiende a tomar el perfil de la superficie inferior después de un cierto tiempo.

Cuando un piso no está nivelado – no es lo mismo que desparejo – puede ser necesario usar el tipo de compuesto nivelador de pisos que se emplea en pisos compactos después de cubrir el piso existente con cartón prensado (ver páginas 26–27). Esto puede ser necesario cuando se colocan revestimientos como tiras de madera, o parquet en una casa vieja donde los cimientos se han hundido, dando un aspecto débil al piso. Podría ser mejor levantar el piso existente y volver a ponerlo.

Los recubrimientos como alfombras y planchas vinílicas no necesitan estar nivelados (aunque deben colocarse sobre una superficie bien lisa), y si usted piensa que un piso ondulante le da personalidad a la casa, es mejor dejar las cosas como están, cubriéndolo simplemente con cartón prensado para lograr una superficie suave y lisa, pero no nivelada.

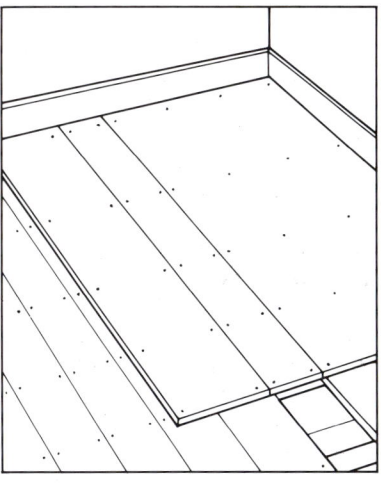

COLOCANDO MADERA CONTRACHAPADA
Abajo: La madera contrachapada atornillada al piso existente es una base ideal para un nuevo revestimiento del piso.

COLOCANDO CARTÓN PRENSADO
Arriba: Cuando coloca planchas de cartón prensado, deje paneles de acceso para cañerías y accesorios eléctricos.

PREPARACIÓN

REPARANDO LAS ESCALERAS

Si está alfombrando las escaleras, puede ser necesario hacer primero algunas reparaciones. Las tres fallas más comunes son las rajaduras (causadas porque las maderas que la sostienen están flojas), "narices" gastadas (es decir, el frente de cada escalón ha perdido su forma perfectamente redondeada) y balaustradas y pasamanos flojos.

REPARANDO LAS RAJADURAS DE LAS ESCALERAS

Un cierto número de diferentes fallas provoca rajaduras en las escaleras.

Una causa común son las cuñas flojas. Éstas se calzan en la parte inferior de las escaleras entre las vigas laterales de soporte de los escalones y los soportes verticales de la caja de la escalera por una parte y por la otra sus componentes horizontales. Estas cuñas deberían estar firmemente encoladas, pero pueden haberse encogido y la cola puede haber fallado. La solución normal consiste en retirar las cuñas, remover la cola, aplicar un nuevo adhesivo y volver a clavarlas en su posición. A veces puede ser necesario modificar la forma de las cuñas para que calcen correctamente.

Otra causa puede ser que falten o estén flojos los bloques encolados que se colocan en el ángulo entre cada soporte vertical y horizontal, en el lado inferior de la caja de la escalera. Para repararlos, elimine simplemente la cola vieja, aplique cola nueva y reponga los bloques. Si faltan, clave y encole en su lugar molduras cuadradas.

REPARANDO RAJADURAS EN LAS ESCALERAS

Izquierda: *Introduzca cuñas para arreglar rajaduras en las escaleras; use un trozo de madera para proteger la cuña.*

VOLVIENDO A COLOCAR BLOQUES ENCOLADOS

Abajo: *Si faltan los bloques encolados (mostrados arriba), encole y clave molduras cuadradas para asegurar la alzada al escalón.*

22

PREPARACIÓN

FIJANDO LOS ESCALONES A LAS ALZADAS

1. Para asegurar un escalón a la alzada ponga los tornillos desde abajo.

2. Si no tiene acceso a la parte inferior de las escaleras, encole una moldura cuadrada y colóquela en la unión del escalón y la alzada.

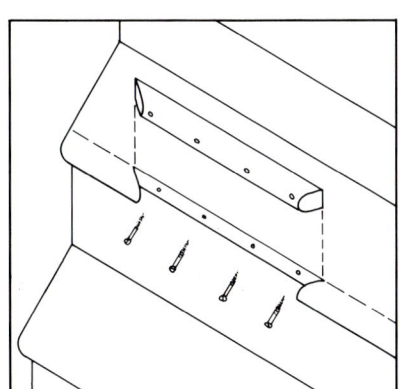

REPONIENDO "NARICES"

Abajo: *Corte el segmento dañado con un formón y encole y atornille un nuevo segmento de moldura, o un listón moldeado a mano. También puede reemplazar el borde entero.*

REPARANDO "NARICES" GASTADAS

El borde frontal redondeado de las escaleras es el que recibe el mayor castigo y habitualmente es la primera zona que se debe reparar. La solución consiste en cortar la sección gastada, moldear una nueva parte con un trozo de madera adecuado y atornillar y encolar en su lugar. Vale la pena mirar el tamaño y la forma de las molduras redondeadas disponibles en los proveedores de madera o negocios de bricolaje para verificar si los elementos existentes se combinan con los que tiene su escalera. Hacerlas a mano a partir de un trozo de madera lleva tiempo y requiere cierta destreza.

Si los escalones se han desgastado, dando un aspecto notoriamente ahondado, aplíqueles un sellador flexible para nivelarlos y alisarlos de nuevo.

ARREGLANDO ESCALONES GASTADOS

Aplique sellador de madera a los escalones gastados para nivelar la superficie.

PREPARACIÓN

FIJANDO BALAUSTRADAS SUELTAS

BALAUSTRADAS Y PASAMANOS FLOJOS

Lo mejor es reparar las balaustradas y pasamanos flojos al mismo tiempo que se hacen las otras reparaciones de la escalera.

Se pueden remediar pequeñas rajaduras de los pasamanos esparciendo una pequeña cantidad de cola y apretando con una herramienta las dos partes mientras la cola se seca. Fisuras o brechas más grandes pueden requerir que se desmantele todo el pasamanos para insertar clavijas entre las dos mitades, encolando y apretando las dos partes hasta que la cola se seque.

Habitualmente se pueden asegurar las balaustradas flojas colocando un clavo que una la balaustrada con el pasamanos. Para asegurar la parte de debajo de la balaustrada introduzca un tornillo que la fije a través del costado del escalón. Si la balaustrada se ha rajado puede hacerse una reparación con cola uniendo las dos mitades con una prensa robusta, mientras la cola se asienta.

▲ **1.** Asegure las partes superiores de las balaustradas sueltas con clavos sin cabeza fijados al pasamanos.

▼ **2.** Asegure la parte inferior de las balaustradas mediante tornillos en la parte lateral de los escalones.

24

PREPARACIÓN

REPARANDO PISOS COMPACTOS

Cuando quiera usar un piso compacto como base para un revestimiento de piso asegúrese que sea firme y esté seco y nivelado. Habitualmente es posible efectuar reparaciones en un piso de este tipo para llevarlo a un estado en que parezca completamente nuevo; en casos extremos puede ser necesario levantarlo y colocar un piso nuevo.

REPARANDO LA SUPERFICIE

En un piso compacto se pueden ignorar las rajaduras menores, pero las rajaduras y orificios grandes deben ser rellenados. Es una tarea bastante simple siempre que el piso está bien seco.

Se debe limpiar la rajadura o el orificio, eliminando todos los materiales flojos. Si es necesario, ensanche la rajadura para que el sellador penetre mejor.

Para asegurar una buena adhesión del sellador prepare la rajadura o el interior del orificio con una mezcla de una parte de adhesivo vinílico sellador (PVA) y cinco partes de agua. Mezcle en un balde el mortero sellador consistente en 3 partes de arena, 1 parte de cemento (o bien use una mezcla ya preparada de secado rápido) y partes iguales de un agente ligante de PVA y agua. Aplique el sellador con una cuchara de yesero, empujándolo bien en la rajadura o el orificio. Los orificios profundos pueden necesitar más de una capa de sellador; en ese caso pase la pala sobre la superficie superior para alisar la mezcla.

Algunos pisos compactos tienen una tendencia a recubrirse con una capa de polvo que reaparece a pesar de que Ud. la barra regularmente. Para impedirlo, trate el piso con una solución diluida de PVA adhesivo/sellador o bien con un sellador especial para cemento.

REPARACIONES LOCALIZADAS EN PISOS COMPACTOS

1. Primero, pinte los bordes del orificio con una mezcla de cemento y adhesivo vinílico/sellador.

2. Luego llene el orificio con mortero de cemento puro.

3. Finalmente, alise y nivele la superficie con una pala de yesero.

25

PREPARACIÓN

NIVELANDO UN PISO COMPACTO

Con algunos revestimientos de piso, como las planchas vinílicas, puede no preocupar que el piso se ondule o tenga declives de un lado a otro. Pero con otras cubiertas para piso como los parquets o muchos otros tipos de revestimientos, el piso desparejo puede ser muy evidente una vez que se coloca la cobertura. El piso debería estar nivelado antes de que usted comience la instalación del revestimiento.

Esto se logra con un compuesto nivelador especial para pisos que se esparce con un pala de yesero hasta una profundidad máxima de 3 mm. Antes de comenzar se debe limpiar meticulosamente el piso con una mezcla de jabón y agua llenando los grandes orificios y las rajaduras con mezcla y dejando que seque. Los orificios hasta 5 mm deben ser llenados con un compuesto autonivelador.

El piso debería humedecerse antes de extender el compuesto nivelador y este último debe mezclarse con agua en un balde hasta formar una especie de mezcla pastosa. Alísela lo más posible con una pala de yesero; se nivelará por sí misma y las marcas de la pala desaparecerán. Normalmente puede caminar por el piso así reparado después de unas dos horas y se puede colocar la cobertura después de unas 8 horas.

Se deben sacar los zócalos antes de usar el compuesto nivelador y volver a colocarlos después.

Puede ser necesario sacar o levantar las puertas que abren en el cuarto tratado, y verificar que la diferencia de altura del nuevo revestimiento permita su apertura; en caso contrario aumente su altura o cepille la parte inferior antes de volver a colocarlas.

IMPERMEABILIZANDO EL PISO

En un piso la humedad puede tener dos causas: humedad ascendente viniendo desde el suelo o condensación, como resultado del encuentro del aire húmedo caliente en el cuarto con la superficie fría del piso. Hay una prueba simple para saber cuál es la causa. Coloque un recipiente de vidrio invertido sobre un anillo de masilla extendido sobre la superficie del piso y déjelo un par de días. Si se reúnen gotitas de agua en la parte interior del bol de vidrio, se trata de humedad ascendente; si aparecen en la superficie exterior, hay condensación.

Si se trata de humedad ascendente, y no es demasiado grave, se puede resolver el problema pintando dos o más manos de un producto aislante para pisos. Estos productos funcionan como una membrana impermeabilizadora sobre la cual se puede extender la nueva cobertura. Saque los zócalos y asegúrese de que el compuesto esté también colocado sobre las paredes y forme una superficie continua con el piso. Un problema más serio de humedad indica que no existe una membrana impermeabilizadora más abajo (defecto común en los pisos antiguos de ladrillo sobre la tierra) y en este caso la única solución efectiva consiste en levantar el piso y comenzar todo de nuevo, lo cual es un trabajo muy grande.

Si el problema es la condensación, es bueno usar el compuesto impermeabilizador mencionado, pero también debe emplearse una cobertura del piso con algunas propiedades aislantes (como una base vinílica o cobertura de piso con corcho); de esta manera la superficie será más cálida que usando, por ejemplo, mosaicos.

Al mismo tiempo, tome otras medidas para reducir la humedad del aire; por ejemplo, con ventiladores y extractores en las cocinas.

¿CONDENSACIÓN O HUMEDAD?
Un recipiente de vidrio sobre un anillo de masilla revela si un problema de piso húmedo es causado por la humedad ascendente o la condensación del ambiente.

PREPARACIÓN

USANDO UN COMPUESTO NIVELADOR DE PISOS

1. Antes de extender una mezcla para nivelar los pisos, pinte todo el piso con una mano de adhesivo de PVA /sellador diluido.

2. Después de mezclar, derrame la mezcla niveladora sobre el piso.

3. Una pala de yesero para piso es ideal para que al desparramar la mezcla niveladora quede razonablemente lisa.

4. La mezcla debería nivelarse a sí misma, pero puede eliminar cualquier protuberancia frotando con un trozo de carborundum.

TOMANDO DECISIONES DE DECORACIÓN

El piso y sus terminaciones es uno de los elementos más importantes en cualquier ambiente. Determina su sonido y su tacto. Su textura y su diseño pueden dar la clave para el estilo del cuarto, y a un nivel práctico, es la superficie sobre la cual usted camina y sobre la cual se colocan los muebles.

Cuando se elige una terminación para un piso deben tenerse en cuenta muchos factores, tanto prácticos como basados en consideraciones estéticas.

Nada realza tanto el suave aspecto antiguo como las baldosas de terracota. Más cálidas al pisarlas que las baldosas en losetas o los mosaicos, adquieren pronto una pátina pronunciada.

28

TOMANDO DECISIONES DE DECORACION

OPCIONES

No tiene sentido tener una alfombra de lujo si a causa de su uso excesivo debe guardarse (la zona principal de desgaste de las alfombras se produce donde la gente cambia de dirección como, por ejemplo, cuando la gente sale de la escalera o dobla en un pasillo). Un piso fino y lustrado en el hall quedará arruinado por la gente que entra desde el jardín. Del mismo modo, usted querrá un revestimiento en cocinas y baños que pueda resistir la acción del agua. También tendrá que pensar sobre las terminaciones que producen ruidos (algunas terminaciones duras pueden ser muy ruidosas) y especialmente si le gusta sentir el piso cuando camina descalzo. Pregúntese a sí mismo:

- ¿Para que será usado el cuarto?
- ¿La terminación del piso será sometida a un uso intenso?
- ¿La gente caminará directamente sobre el piso después de haber estado afuera?
- ¿Es posible que el piso se humedezca?
- ¿El piso debe estar a tono con los muebles y la decoración existentes?
- ¿Tiene calefacción bajo el piso (cables eléctricos enterrados en un piso compacto)?
- ¿Hay problemas con el piso existente (especialmente si la nueva terminación es pesada)?
- ¿Necesita tener acceso a las instalaciones debajo del piso (plomería y electricidad)?
- ¿Cuánto costará?

Las terminaciones de piso se dividen en dos grupos netamente diferenciados: pisos duros (como los de ladrillo, cerámica, mosaicos y madera), y blandos (alfombras, linóleum, vinílicos, caucho y corcho). Todas las terminaciones de pisos necesitan un contrapiso sobre el cual apoyarse, salvo los gruesos parquets que se pueden usar para reemplazar los tablones.

Si bien no son de colocación fácil, las baldosas de pizarra son un material tradicional de revestimiento de pisos. Las que se presentan aquí son de pizarra hindú; observe la encantadora irregularidad de los colores naturales.

TERMINACIONES DE CUBIERTAS DURAS

LOS PISOS DE LADRILLO pueden tener un estilo "rural" y cálido, según el color de los ladrillos elegidos. Los ladrillos son menos fríos bajo los pies y menos ruidosos que los pisos cerámicos y los mosaicos, y por lo general son a prueba de agua y antideslizantes. No son muy caros y adecuados únicamente para pisos compactos en la planta baja. Se deben apoyar sobre una cama de mortero y una membrana impermeable. Asegúrese que se usan ladrillos *para pavimentar*.

LOS REVESTIMIENTOS CERÁMICOS usados para los pisos son más gruesos que el tipo que se usa para revestimiento de paredes. Existe una amplia variedad de tamaños, formas y diseños hechos a máquina y artesanalmente. Los revestimientos cerámicos para pisos son colocados sobre una cama de adhesivo, colocados sobre pisos compactos o pisos suspendidos de madera, reforzados con madera contrachapada apta para exteriores. Los revestimientos de este material son extremadamente durables y es fácil mantenerlos limpios, aunque son caros, fríos bajo los pies y ruidosos. Algunos tienen una textura superficial para hacerlos antideslizantes.

LOS MOSAICOS, habitualmente cuadrados o rectangulares, son igualmente populares y vienen en la misma gama de colores cálidos que los ladrillos. Son muy durables y pueden representar una forma relativamente barata de cubrir un piso, pero al igual que los revestimientos cerámicos son fríos y ruidosos bajo los pies (aunque es menos probable que sufran quiebres). Los mosaicos hechos a máquina, de espesor uniforme se extienden sobre adhesivos; los mosaicos hechos a mano se colocan sobre un mortero de cemento.

LOS REVESTIMIENTOS DE TERRACOTA son similares a los mosaicos, pero son más cálidos bajo los pies y como son porosos es necesario sellarlos.

LA PIEDRA, EL MÁRMOL, LA PIZARRA Y LA PIEDRA ARTIFICIAL (originariamente, trozos pequeños de mármol unidos con cemento, molidos y pulidos) tienen todos sus ventajas y su propio atractivo, pero son costosos y por lo común deben ser colocados por profesionales.

LOS PISOS DE TIRAS DE MADERA (habitualmente de madera dura) tienen el aspecto de pisos de tablas, pero sin resquicios. Los tipos de poco espesor se extienden sobre un piso existente; los pisos de mayor espesor pueden reemplazar a los pisos de tablas.

LOS PISOS EN MOSAICOS DE MADERA consisten en minúsculas lonjas de madera pegadas sobre un soporte para formar paneles.

EL PARQUET DE BLOQUES DE MADERA se hace con pequeños trozos de madera generalmente colocados en zig-zag.

Todos estos pisos de madera dan una fina y atractiva terminación a un piso de madera compacto o suspendido; el mosaico de madera es el más barato y el más fácil de colocar; el parquet es el más costoso y el más difícil de instalar.

Para resistir el uso y el agua es necesario plastificar los pisos de madera, a menos que ya vengan plastificados. Son bastante cálidos bajo los pies y duraderos (si están adecuadamente plastificados), pero pueden ser ruidosos cuando se camina sobre ellos.

TOMANDO DECISIONES DE DECORACION

TERMINACIONES BLANDAS DE LOS PISOS

EL ALFOMBRADO es el tipo más familiar de terminación blanda, vendido en diferentes tipos y calidades (y precios). Se dispone de tipos especiales de alfombras para cocinas y baños, donde deben resistir la acción del agua, y en otros cuartos usted querrá elegir una alfombra con condiciones de desgaste adecuadas al uso de cada cuarto. Las alfombras con una base de espuma no deberían usarse nunca cuando existe calefacción bajo el piso (losa radiante u otras).

EL EMBALDOSADO DE ALFOMBRA es una forma barata y fácil de terminar pisos y presenta la ventaja de que los trozos individuales pueden ser llevados a limpiar o es posible reemplazarlos por partes cuando se gastan.

Derecha: Las alfombras en baldosas brindan un revestimiento para los pisos de los baños. Aquí se han usado dos colores que hacen contraste.

Las baldosas de corcho proporcionan un revestimiento cálido, silencioso y elástico sumamente duradero. En este caso se han empleado dos capas – la superior de vista y la inferior como base –. Todo el conjunto está revestido en vinilo

EL VINILO se fabrica en forma de rollos y de baldosas en una enorme gama de colores y diseños, tanto en versiones simples como acolchadas. Produce una sensación cálida y silenciosa bajo los pies y es resistente al agua, al aceite, a la grasa y a la mayor parte de los productos químicos que se usan en el hogar. Los vinilos son relativamente baratos y son ideales para cocinas, baños y cuartos de los niños. La sofisticada gama de diseños en venta actualmente los convierte en una buena opción para halls y comedores; sin embargo no aguantan quemaduras ni la abrasión proveniente de la arena. El vinilo se suele pegar a la base con un adhesivo; las baldosas son más fáciles de colocar y es menos probable que encojan. El desgaste puede reducirse usando un barniz especial para pisos vinílicos.

EL LINÓLEO está acrecentando su popularidad después de años de declinación, vendido en rollos y baldosas. Es de materiales naturales. Presenta muchas de las ventajas del vinilo, pero es más durable, más caro y más difícil de colocar. Las baldosas de linóleo pueden colocarse igual que las de vinilo, pero instalar rollos de linóleo es un trabajo que requiere experiencia profesional.

LAS BALDOSAS DE CORCHO proveen un piso de superficie realmente cálida. Esta terminación es relativamente barata, cálida, silenciosa, elástica y sorprendentemente resistente al uso, a condición de estar bien plastificada y colocada sobre una superficie completamente lisa; se la fija con adhesivos (muchas baldosas son autoadhesivas) y es fácil de cortar. No se debe usar corcho si hay calefacción debajo del piso.

TOMANDO DECISIONES DE DECORACION

EL PISO DE GOMA, habitual en las oficinas y los negocios, y usado crecientemente en el hogar, se vende también en forma de baldosas. Cálida y silenciosa bajo los pies, esta terminación no es barata pero es sumamente duradera, resistente al agua y fácil de limpiar.

LAS ESTERAS DE FIBRA DE COCO, SISAL Y SEA-GRASS proveen una terminación de pisos barata y son resistentes y fáciles de colocar. Para extenderlas de pared a pared, cosa varias piezas juntas y ribetee los bordes con hilo de yute.

Derecha: El sisal es un material de cobertura natural para pisos de uso intenso. Es fácil de mantener limpio. Puede usarse en forma de tapete (ribeteado con cinta de yute) como muestra la foto o extendido de pareda a pared.

TAPICES Una única terminación de piso puede ser a menudo blanda como una alfombra simple o demasiado áspera para el oído y el ojo (mosaicos y pisos de madera), por lo cual muchas personas buscan utilizar tapices y esterillas.

Existe una enorme variedad, para todos los gustos y todos los bolsillos. Además de agregar color y diseño, los tapices pueden usarse también para determinar áreas distintas; por ejemplo, una alfombra rodeada por sillas y un sofá puede delinear un área para sentarse.

Una selección de tapices artesanales muy coloridos, hechos a mano con materiales naturales.

TOMANDO DECISIONES DE DECORACION

TERMINACIONES DE PISO CUARTO POR CUARTO

Si bien en teoría se puede usar cualquier tipo de terminación de piso en cada cuarto, algunos tipos se adaptan mejor que otros, desde un punto de vista práctico o por su apariencia. Tenga en cuenta los puntos siguientes antes de elegir.

LIVINGS Obviamente, las terminaciones de los pisos del living deben tener un buen aspecto pero el deterioro es una consideración principal. Las esteras de fibra de yute y sisal son a la vez opciones atractivas y resistentes al uso, pero probablemente la mejor elección para una terminación suave del piso es una alfombra de un 80% de lana y un 20% de nylon (o un 100% de lana si puede pagarla).

Las terminaciones duras pueden ser particularmente efectivas en los livings. Elija madera o corcho con unos pocos tapices desparramados (sobre una base que impida que se deslicen). Si las tablas del piso existente son firmes, líjelas y séllelas con barniz para pisos, tal vez pintándolas primero usando plantillas.

COMEDORES Como es probable que se derramen los alimentos y líquidos, la practicidad es tan importante como el confort y el buen aspecto. Si quiere alfombras debe estar preparado para limpiarlas regularmente. Pero las buenas opciones para los comedores son el vinilo o el corcho sellado, o bien un piso de madera con tapices con una base antideslizante. Las baldosas cerámicas tienen un buen aspecto y son fáciles de mantener limpias pero son ruidosas, especialmente cuando se arrastran sillas sobre ellas.

HALLS Como a menudo el hall es el primer lugar de su casa que ven los visitantes querrá una terminación del piso con buen aspecto. Las alfombras deberán ser de buena calidad para resistir el probable desgaste, en particular si el hall se abre directamente a la calle o al jardín. Los pisos de mosaico o de madera son los más fáciles de limpiar. En una casa más antigua, los mosaicos fueron el revestimiento tradicional de pisos en un hall, efecto que ahora se puede lograr con pisos vinílicos con diseños o linóleo.

DORMITORIOS Aquí la suavidad bajo los pies es lo más importante, y la opción habitual son las alfombras de una pared a otra. En el cuarto de un niño o de un bebé el uso de pisos vinílicos, de linóleo o de corcho sellado, provee superficies resistentes y fáciles de limpiar. Si se prefieren pisos de madera, use muchos tapices para las áreas donde camina, asegurándose de no patinar sobre ellos colocando una base no deslizante.

Arriba: *Los pisos de madera al natural lucen realmente bien en un living si se los pule y encera, y pueden proveer el toque final perfecto para muebles de madera y mimbre, zócalos barnizados y alfombras de colores.*

Izquierda: *Es fácil mantener limpio un piso de tablas de madera en un hall muy transitado. Brinda una cálida bienvenida y refleja la luz disponible.*

TOMANDO DECISIONES DE DECORACION

ESCALERAS En este caso la durabilidad es muy importante, para lo cual la mejor opción es una alfombra resistente, pero evite las alfombras de pelo alto en las cuales los tacos altos pueden quedar atrapados.

BAÑOS Aquí se puede usar la mayor parte de los revestimientos, pero evite los mosaicos que pueden ser resbaladizos si se humedecen. Se venden alfombras especiales para baños, pero evite las alfombras peludas que pueden descomponerse con la humedad. Son ideales el vinílico, el linóleo y el corcho sellado.

COCINAS Aquí lo más importante es la practicidad, y su elección puede depender de la base del piso existente. Los pisos compactos pueden cubrirse con cualquier revestimiento, mientras que es posible que los pisos de madera suspendidos no sean suficientemente firmes o estables para usar mosaicos o losetas. El vinilo, la goma y el corcho sellado son ideales; los pisos cerámicos y de baldosas son de fácil limpieza, pero son fríos y ruidosos al caminar. Si usa alfombras, asegúrese que sean adecuadas para cocinas.

JARDINES DE INVIERNO El tipo de piso elegido en estos casos depende mucho de la forma de usar estos ámbitos. Para las exhibiciones tradicionales de plantas será mejor un revestimiento duro de fácil limpieza como los pisos de baldosas o cerámicos, de terracota o losetas; si el jardín de invierno es una extensión del living se podrían continuar en él los pisos existentes, por ejemplo, maderas o alfombras.

Arriba izquierda: *El color beige amarillento natural del yute se adecua a casi cualquier parte de la casa. Su fibra dura y casi impermeable lo convierte en una opción ideal para la dura tarea de revestir escaleras.*

Arriba: *Las baldosas vinílicas son un revestimiento ideal de pisos para los baños, y los diseños actuales son sumamente estilizados.*
Abajo: *Los revestimientos de terracota hacen un hermoso piso para las cocinas.*

33

TOMANDO DECISIONES DE DECORACION

CONSIDERACIONES DE DISEÑO

Como los pisos representan una de las partes principales de cualquier cuarto a decorar y amueblar, su colorido, modelo y diseño deben ser elegidos con mucho cuidado para que el esquema general tenga éxito.

Como los materiales del piso deben ser resistentes al mismo tiempo que decorativos, tienden a ser costosos, especialmente por las grandes cantidades necesarias, y por lo tanto se los reemplaza con menor frecuencia que otras decoraciones. Habrá que tolerar costosos errores durante mucho tiempo. Tiene sentido también elegir un color y un estilo que se adapten a varios esquemas, para no verse restringidos al mismo estilo de pintura, empapelados o entelados de las paredes, más fáciles de reemplazar.

En primer lugar Ud. debe considerar qué tipos de revestimientos de piso son los más adecuados, antes de decidir los colores y modelos. Para cada uno de los tipos de pisos, piense en su duración, confort, facilidad de colocación, si se propone hacer la tarea usted mismo y los costos, utilizando la información provista en este capítulo y en el resto del libro.

Cuando reflexione acerca de los colores y los modelos, piense también en las texturas de las superficies, lo cual podría determinar una gran diferencia en su elección de las otras terminaciones. Por ejemplo, superficies aterciopeladas demasiado densas pueden ser algo oprimentes; tampoco podrá relajarse en un cuarto con un piso duro brillante, muchas pinturas relucientes, espejos y mosaicos en las paredes. Una diversidad de texturas contrastantes entre los pisos y el resto del equipamiento pueden dar una atmósfera más confortable, aunque se pueden usar algunos tipos de piso para crear un efecto especial, o una clara definición del estilo del lugar.

Por ejemplo, una superficie dura y reluciente en el living crea una sensación de elegancia y tersura, en tanto que las alfombras en el baño brindan una inconfundible sensación de lujo.

Abajo: Un cuarto de estilo ligeramente campestre y aireado está perfectamente balanceado con los ladrillos de la base de la chimenea y el efecto natural de los pisos de madera.

34

TOMANDO DECISIONES DE DECORACION

Izquierda: *Las alfombras brindan un toque lujoso a un baño. Aquí se ha usado una alfombra tejida de un 80% de lana y un 20% de nylon.*

EFECTOS VISUALES

Se pueden crear ilusiones ópticas con la elección de colores y modelos: Colores oscuros fuertes lograrán que un cuarto parezca más pequeño y el cielorraso más bajo, mientras que un diseño liviano y neutro, como el de una alfombra clara o apenas coloreada, el corcho, las piezas de fibra de coco o la madera crearán una sensación de mayor espacio. Organizando los muebles de manera de enfatizar la diagonal del cuarto, puede aparecer como un lugar mayor de lo que es.

Las franjas decorativas, realizadas por ejemplo en pisos de linóleo (ver página 89) ayudan a definir un área y también a crear un fuerte tema decorativo. Es posible obtener un número infinito de diseños originales, especialmente usando los diferentes colores y las formas disponibles de los revestimientos de mosaicos y baldosas o entre los pisos de madera.

Pocos diseños clásicos se distinguen más que los dameros tradicionales en blanco y negro, o de mosaicos que alternan colores claros y oscuros. Se pueden combinar elementos octogonales blancos formando un dibujo con pequeños cuadrados negros, lo cual puede hacerse con mosaicos, piedra, vinilo y linóleo.

Derecha: *Aquí se logra un diseño audaz combinando colores fuertes, pintando los tablones de madera natural del piso para que contrasten con las paredes, los muebles y los objetos menores.*

TOMANDO DECISIONES DE DECORACION

Podemos encontrar una maravillosa variedad de motivos y colores tanto en cerámica, o vinilo como en linóleo, pero se pueden crear efectos más sutiles e igualmente sorprendentes empleando diferentes formas y configuraciones. Los ladrillos y los bloques de madera pueden ser colocados siguiendo la trama de los canastos tejidos o de las espigas, así como las tramas más difundidas. Para realizar su propio diseño puede utilizar parquet o baldosas.

Sin embargo, este tipo audaz de tratamiento no es del gusto de todos. Un piso muy elaborado puede traer dificultades para integrar el resto del equipamiento, a menos que el dibujo sea muy pequeño o muy discreto. Un color liso, o con pequeñas motas, facilita la elección del resto de los equipamientos del cuarto. Si el ambiente es demasiado oscuro, puede dársele color con tapices, esteras o muebles.

Si espera combinar el color de sus alfombras con otras partes del equipamiento, puede llevar con usted un trozo de alfombra cortado de un lugar no visible, para compararlo cuando compra un revestimiento de piso.

Los colores pueden hacerle trampas a la memoria y puede ser más fácil optar por un matiz más claro o más oscuro del mismo color, o incluso colores complementarios o contrastantes. Por ejemplo, el rojo o el rosado pueden hacer una buena combinación con el gris, mientras que el amarillo es el compañero tradicional del verde.

Recuerde que la luz puede cambiar dramáticamente los colores. Por eso piense cómo y cuándo es más probable que se use el cuarto. Realce un cuarto que recibe la luz del crepúsculo con tonos dorados, marrones y rojizos. Evite los azules y los verdes fríos en un cuarto que mira hacia el lado sin sol, o uno que tenga escasa luz natural para impedir un efecto glacial, especialmente donde hay muchas superficies brillantes, como ocurre en un baño. Si el cuarto será usado principalmente con luz artificial, verifique bajo una lámpara si los colores rojos y verdes de los elementos que va a usar se tornan marrones, mientras que los azules parecen negros o grises. El secreto consiste en pedir a préstamo o comprar una muestra de baldosa, alfombra o el elemento que piensa usar en su piso y convivir con él en el lugar donde lo ubicará durante unos días. Pronto se dará cuenta si es lo que quiere.

Arriba izquierda: *Ésta alfombra tejida recrea diseños originales persas. La alfombra está fabricada con un 80% de lana y 20% de nylon y resulta adecuada para cualquier parte de la casa.*

Arriba derecha: *Este es un ejemplo de la enorme gama de elegantes diseños que pueden conseguirse en alfombras tejidas. Usando una mezcla de lana y nylon para obtener el máximo de confort y durabilidad, estas alfombras son tan adecuadas para el living como en el baño.*

DISEÑO MEDIANTE AZULEJOS DE PARED

La interminable variedad de tamaños y modelos de azulejos de pared le permite ser muy imaginativo en su aplicación. Para empezar, puede elegir un color de azulejos que combine con el color general del ambiente. Pero mientras un pequeño baño puede adaptarse al uso de azulejos de un solo color, no hay motivos para no usar distintas variantes sobre el lavatorio en contraste con el color del inodoro o sobre el marco de la ventana para coordinarlo con el material de las cortinas.

Si usa colores diferentes de azulejos o cerámica en su diseño total, puede mezclarlos como los cuadrados de un damero o en zigzag. Los azulejos únicos de diseño costoso pueden ser colocados al azar entre azulejos o baldosas de un modelo más barato. Una línea de azulejos decorados puede ser colocada alrededor de zócalos, mesadas o bañaderas, por debajo de un cielorraso, horizontalmente como un friso, a la altura de un antepecho o alrededor de una chimenea.

Las piezas más pequeñas pueden usarse para definir la zona azulejada, o crear paneles dentro de un área mayor, tal vez alrededor de cuadros o espejos. Los azulejos de cantos redondeados pueden usarse igualmente como contraste. Si quiere modificar el diseño sobre los azulejos existentes puede comprar revestimientos adhesivos que se pegan simplemente a la superficie, sobre todos los azulejos o sólo sobre algunos.

Arriba derecha: *La guarda que rodea el lavatorio produce un efecto de "cuadro", y los azulejos pintados colocados al azar se combinan bien con el despliegue de plantas y flores naturales.*

Derecha: *El uso afortunado de los azulejos de diseños haciendo contraste, sumado al friso superior y a las baldosas colocadas al azar, produce un efecto sensible en esta cocina de estilo campestre.*

Abajo: *Una atractiva combinación de azulejos de cerámica blanca lisa con los tradicionales diseños de Delft.*

PISOS DE MADERA

La madera presenta muchas ventajas como material de piso. Es relativamente cálida para caminar descalzo sobre ella; es menos ruidosa que las baldosas de cerámica y los mosaicos (aunque no es tan silenciosa como los pisos "blandos"); brinda un buen aislamiento si no tiene fisuras; y por sobre todo tiene su propia belleza como material natural. Los pisos de madera pueden ser pintados, pero en su mayor parte se dejan con una terminación natural, realzada a veces por una tintura para madera y habitualmente recubierta por una capa protectora de barniz o sellador plástico para pisos.

El color dorado de este piso de tablas se combina hermosamente con la puerta de pino natural, el contorno de la misma y las molduras de madera

OPCIONES

Se puede obtener un nuevo piso de madera de tres maneras distintas. La primera consiste en restaurar los tablones existentes lijándolos hasta lograr una nueva terminación; la segunda, en reemplazar los tablones existentes por otros nuevos o por un grueso parquet. La tercera se obtiene extendiendo un nuevo piso de madera sobre el piso existente, tanto si se trata de un piso de madera suspendido, como de uno colocado sobre un soporte de cemento.

RESTAURANDO LOS TABLONES EXISTENTES

Si las tablas no están húmedas, no presentan signos de descomposición y se encuentran en un buen estado estructural, se pueden sacar la suciedad y las irregularidades con una máquina de pulir pisos, volviendo así a una terminación aceptable. Luego se pueden colorear y barnizar, después de reparar cualquier falla menor. (ver páginas 16-19 para detalles).

TABLAS NUEVAS

Si un piso de madera suspendido se encuentra en un estado lamentable, podría ser necesaria su restauración. En este caso, la única solución consiste en colocar pisos nuevos, si quiere mantener el mismo tipo.

Observe que en general las tablas de los pisos son de madera blanda, que se marca con facilidad y es de color pálido, de modo que puede necesitar algún tipo de coloración para realzar su aspecto si se quieren dejar las tablas a la vista. Además, al comprarlas estas maderas pueden tener fallas (nudos, fisuras, grietas, torceduras, combaduras) que pueden agravarse con el tiempo.

Sobre la colocación de pisos nuevos se habla en detalle en la página 19; la alternativa es un revestimiento grueso como el que se describe a continuación.

REVESTIR CON NUEVOS PISOS DE MADERA

Hay tres tipos principales de revestimientos: en tablas, en mosaico y en bloques.

LAS TABLAS se venden en planchas individuales (similares a las tablas para pisos) o en planchas más grandes con tiras individuales para dar el aspecto de un piso de tablas convencional. Las planchas están machimbradas entre sí, de tal modo que se pueden extender sobre el piso de manera continua.

Estas tiras se venden en diferentes espesores, comúnmente 8 a 9 mm, 19 mm y 23 a 25 mm. Las de menor espesor se diseñaron para colocarlas directamente sobre el piso existente; las de mayor espesor son adecuadas para asegurar los tirantes en lugar de los listones o del aglomerado. En su mayor parte, las tiras son de madera dura (roble, haya, olmo y teca) pero existen también de madera blanda (pino). Las tiras más gruesas suelen tener una delgada capa externa de madera dura, laminada sobre dos subcapas de madera blanda. Los anchos varían entre 125 mm y 200 mm y más, y los largos suelen ser de 1,80 metros y 2,40 metros.

Las ventajas de las tablas de madera dura sobre la madera blanda son su durabilidad, resistencia a las marcas y su mejor colorido, que las hace más atractivas. Por la forma en que se construyen los pisos de este tipo deberían carecer de fallas de materiales y ser totalmente estables, sin mostrar curvaturas, arqueos o fisuras.

Las tiras se pueden asegurar clavándolas al piso de madera o a los tirantes que se encuentran debajo con adhesivos o ganchos que unan las tiras adyacentes como para formar un piso flotante.

LOS PISOS EN MOSAICO DE MADERA consisten en delgadas tiras de madera fijadas a una base de arpillera o unidas con tela de alambre y cola en cuadraditos, de tal modo que las tiras de un cuadrado se encuentran en ángulo recto con los cuadrados adyacentes. Un panel suele estar compuesto por cuatro cuadrados.

El tamaño de los paneles varía entre 300 mm^2 a 600 mm^2 con un espesor entre 7,5 mm y 10 mm. El método de construcción permite una cierta flexibilidad, de manera que este piso puede adaptarse a superficies ligeramente desiguales.

Estos pisos vienen en diferentes maderas (roble, eucalipto, pino y otros) y se colocan en una cama de adhesivos. Cada panel suele estar machimbrado.

EL PARQUET DE BLOQUES DE MADERA consiste en pequeños bloques extendidos individualmente en diferentes diseños, de los cuales el más común es en zigzag. Este piso es a menudo conocido como parquet, aunque este término normalmente se aplica también a otros tipos de pisos.

Los bloques de parquet tienen espesores entre 6 mm y 50 mm y los bloques tienen 225 a 300 mm de largo y 50 a 75 mm de ancho. Los bloques están sobre una cama de mastic o asfalto sobre el contrapiso (por lo general de cemento) pero colocar parquets requiere destreza y es una tarea para profesionales.

Otro tipo de piso de madera consiste en una delgada capa de madera dura sobre una base de corcho con una protección de vinilo. Su aspecto es bueno y cálido y se coloca sobre adhesivo de una manera similar a los mosaicos de corcho (ver página 88).

Los pisos de madera natural pueden ser acústicamente perfectos para los músicos y son un complemento atractivo para los muebles de madera.

PISOS DE MADERA

TIPOS DE PISOS DE MADERA

1. Tiras machimbradas; de izquierda a derecha haya oscurecida, haya pigmentada en blanco, fresno, haya natural y roble.

2. Panel de mosaico de madera.

3. Tiras de piso diseñadas especialmente para imitar el parquet tradicional.

Los otros ejemplos muestran la vasta gama de tiras de piso disponibles.

PISOS DE MADERA

EQUIPAMIENTO PARA PISOS

1. Máquina pulidora La gran máquina de la izquierda es una lijadora de piso a tambor cilíndrico, que se puede alquilar. Ese necesario comprar las **tiras de lija (2.)** en grado grueso, mediano y fino, que se colocan rodeando el tambor.

3. Pulidora de bordes La lijadora de piso a tambor no llega hasta los bordes de un piso, por lo cual se necesita también una pulidora de bordes (disponible en alquiler) más los **discos abrasivos (4)**.

5. Pulidora de discos Una herramienta útil para pulir alrededor de obstáculos, tales como los marcos de las puertas y los conductos que atraviesan el piso, y para pulir las esquinas. Úsela con cuidado para evitar daños.

6. Martillos Se necesitan uno o más martillos para hundir los clavos existentes en los pisos, para poner clavos escondidos en las tablas y para forzar las tiras y las planchas unas contra otras.

7. Pinceles Para aplicar color, barnices y selladores a la madera. Elija dos tipos: el mayor para el cuerpo principal del piso; el menor para los bordes y para contornear obstáculos.

También necesitará algunas herramientas comunes para colocar pisos de madera: serruchos, garlopas, formones, martillos, cinta métrica, escuadras, lápiz y un cortante.

PISOS DE MADERA

PULIENDO PISOS

Puede pulir cualquier piso antiguo de madera –parquets, mosaicos de madera, pisos de tablas– pero es casi seguro que si Ud. alquila una pulidora será para trabajar sobre un piso de tablas gastadas y en los bordes deterioradas considerablemente después de años de uso.

PREPARANDO EL PISO

Lo primero que se debe hacer es vaciar completamente el cuarto sacando todos los muebles, las alfombras, los tapices o cualquier otro revestimiento de piso. Tenga en cuenta que al pulir el piso se levanta una gran cantidad de polvo. Por consiguiente, saque cualquier otra cosa del cuarto (como los libros de un estante que no quiere ver cubiertos de polvo). En forma alternativa puede usar una protección de tela o plástico cerrada en sus bordes. Cuando se pule el piso es conveniente sacar todas las puertas del cuarto (para poder pulir por debajo de las mismas). Pero es conveniente sellar la abertura de la puerta por el lado externo con una hoja de plástico pegada alrededor de la abertura y luego abrir las ventanas para dejar que el polvo salga mientras usted trabaja.

Lo primero que debe hacer es observar atentamente los pisos buscando humedad, trazas de descomposición y de gusanos de madera, tal como se describe en las páginas 13-14, preferiblemente levantando un par de tablones para inspeccionar también los tirantes. Realice una prueba de salto (ver página 14) para asegurarse que el piso está firme. Realice los tratamientos necesarios para solucionar los problemas y reemplace cualquier tabla con fisuras o deterioros por cualquier otra del mismo tamaño.

Busque los clavos existentes en el piso; debe detectar cualquiera que sobresalga y hundirlo por debajo de la superficie con una maza. Cuando quedan tachuelas en el piso, provenientes de revestimientos anteriores, use una vieja lezna para levantarlas y una tenaza o un martillo con uñas para arrancarlas. Los clavos y las tachuelas que queden al ras deterioran los rodillos de la máquina pulidora. Llene cualquier brecha que quede entre los tablones como se indica en la página 18. Si después debe barnizar el piso, mezcle un poco de aserrín con el sellador para rellenar los pequeños huecos o use un sellador del color del piso.

Es preferible remover la cera vieja antes de pulir para evitar que empaste la lija de la pulidora. Use viruta de acero embebida con solvente. Si el piso ha sido pintado, primero elimine por lo menos una parte de la pintura con removedor y un raspador seguido por agua y alcohol. Deje que el piso se seque durante un par de días antes de emplear la pulidora.

ROPA DE PROTECCIÓN

Como el lijado produce mucho polvo, el operador debe usar una máscara protectora y también protectores oculares bien ajustados. También se necesitan tapones para los oídos, pues las lijadoras de piso hacen mucho ruido. Elija un momento para hacer este trabajo que no perturbe a sus vecinos. Evite el uso de ropas sueltas colgantes.

PREPARACIÓN

1. Su viejo piso puede tener aspecto inadecuado, con capas de cera vieja de piso, salpicaduras de pintura y cabezas oxidadas de clavo sobre la superficie.

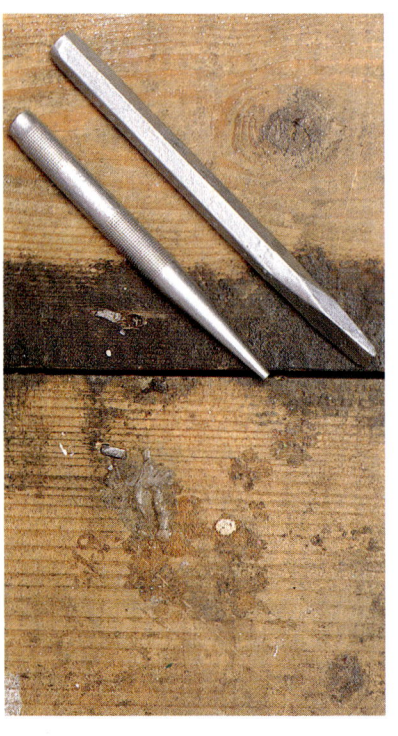

2. Golpee las cabezas de los clavos por debajo de la superficie, y si fuere necesario, llene los orificios.

3. Para remover las viejas tachuelas de los pisos use un formón viejo y luego sáquelas con una tenaza, una llave pico de loro o un martillo con garra.

PISOS DE MADERA

USANDO LA PULIDORA DE PISOS

Antes de comenzar coloque una nueva faja de lija en la pulidora. Hay instrucciones sobre la forma de hacerlo, pero por lo general tendrá que aflojar los tornillos de la barra de soporte que se encuentra en el rodillo; luego ponga una hoja alrededor del tambor y asegure los dos extremos de la faja lijadora. Si el trabajo comprende muchos pisos, puede comenzar con una faja de grano medio. Pero si los tablones están curvados en sus bordes, comience con la faja de lija más gruesa.

Cuando usa una pulidora, asegúrese que el cable esté fuera de su camino, llevándolo sobre su hombro, y siempre sostenga firmemente la máquina con ambas manos. Levántela hacia atrás antes de comenzar y luego bájela suavemente hasta hacer contacto con el piso. La máquina tratará de escapársele pero llévela con firmeza y camine por el piso con ella. Cuando llegue al otro extremo del cuarto, incline de nuevo la máquina para dar la vuelta.

Si los tablones están retorcidos, use la pulidora diagonalmente, comenzando por un rincón y cruzando hacia el rincón opuesto; vaya y vuelva varias veces en cada zona. Luego repita el proceso puliendo diagonalmente en sentido opuesto.

Una vez que haya nivelado las tablas combadas, cambie la faja de lija por otra de graduación media y pula el piso en forma paralela a las tablas. Con esta graduación de lija tiene que comenzar si su piso no está demasiado deteriorado o para pulir mosaicos de madera (que deben ser pulidos muy esporádicamente y en forma muy suave). El parquet en zigzag debe ser pulido diagonalmente siguiendo las líneas de las tablas. Cuando haya terminado de pulir todo el cuarto con la lija de grado medio y no haya quedado ningún lugar del piso sin pulir, cambie la faja por otra de lija fina y vuelva a recorrer el piso de la misma manera.

Se encontrará con que en todos los bordes del cuarto ha quedado un sector sin pulir. Para emparejar el piso en este sector use la pulidora de bordes, comenzando con un disco de grano medio y terminando con la lija fina (no debería usar la lija gruesa).

Finalmente limpie el piso aspirando o barriendo el piso y siga con un trapo seco de hilos para eliminar cualquier partícula residual.

Arriba: *Un piso pulido brinda un contexto perfecto para los muebles, las alfombras y otros elementos; si se barniza ayuda a reflejar la luz.*

PROCEDIMIENTO DE PULIDO

1. Para cambiar la faja de lija de una pulidora, ponga la máquina de costado y use un destornillador para aflojar la barra de contención.

2. Para emparejar las tablas curvadas use una lija gruesa y recorra el piso en forma diagonal.

3. Siga trabajando en forma diagonal hasta que haya terminado con el cuarto, y luego repita la operación en dirección opuesta.

4. Luego coloque una lija de grano medio y pula el piso en forma paralela a las tablas. Repita la operación con una lija fina.

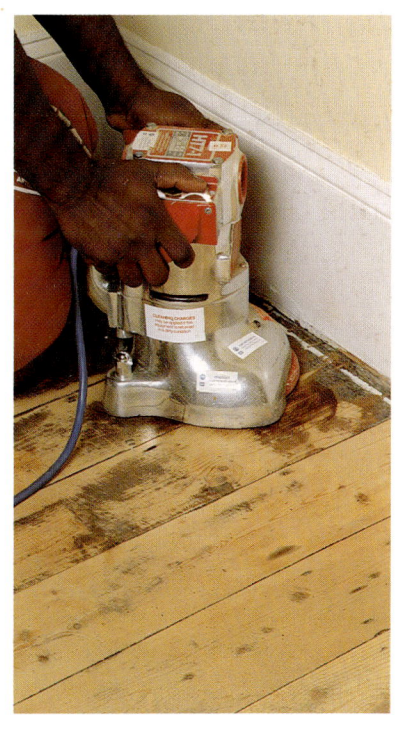

5. Termine recorriendo los zócalos con una pulidora de bordes, y usando una pulidora de disco manual en los rincones.

COLOCANDO PISOS DE MADERA

Tanto si se colocan parquets o tablas, la primera tarea consiste en preparar el piso, tal como se describe en las páginas 10-27, los pisos compactos pueden necesitar una impermeabilización y la aplicación de un compuesto autonivelador; si se van a colocar sobre pisos suspendidos de madera, éstos tienen que estar en buen estado y luego debe cubrirlos con una capa de cartón prensado (hardboard) o de madera terciada para alisarlos.

Se obtendrá un mejor resultado retirando los zócalos antes de colocar los pisos de madera, pero se podrían deteriorar en este proceso, lo que requeriría sustituirlos y una redecoración.

Los pisos de tablas pueden usarse en muchos cuartos de la casa; en un dormitorio brindan un marco espectacular a otros muebles y elementos decorativos.

MIDIENDO

Se debe medir el piso que se quiere revestir. Los pisos de madera y las placas de hardboard y de madera terciada son costosas y no se debe comprar más de lo necesario.

Antes de medir verifique el tamaño de los módulos (tablas, baldosas, etc.) del piso de madera que ha elegido y cómo se venden, para estimar con exactitud cuántas tablas o cuántos paquetes debe comprar.

Para calcular lo que necesita dibuje un plano preciso del cuarto (una escala de 1:20 es correcta) y mida el ancho y el largo en diferentes puntos. Recuerde que las tablas y tiras gruesas deben colocarse en ángulo recto con los tirantes, en tanto que un sobrepiso de tiras finas se coloca transversalmente a las tablas existentes. Para los mosaicos de madera y algunos parquets estudie el área a cubrir pues los paquetes se organizan de acuerdo con una superficie determinada.

En todos sus cálculos agregue un 5%, que será absorbido por cortes, sobras y futuras reparaciones.

Antes de colocar cualquier piso de madera desempaquete los paneles y déjelos en el cuarto donde serán colocados durante un par de días para que se adecuen al contenido de humedad y la temperatura del cuarto. Esto impide que los materiales se expandan o contraigan después.

COLOCANDO BALDOSAS DE MADERA

Al comprar paneles con estas baldosas, verifique que todas tengan el mismo tamaño;, cualquier ligera variación dejará brechas poco agradables en el piso terminado.

Antes de colocar todos los paneles de baldosas, instale una hilera de paneles sin adhesivos a lo largo de toda la longitud del cuarto para verificar cómo quedarán. Deje un espacio libre de 12,5 mm en el perímetro para absorber expansiones del material y trate de que el primero y el último panel tengan el mismo tamaño. Verifique también que cualquier recorte sea hecho a los costados de los "dientes" (partes sobresalientes en un piso colocado en diagonal), en lugar de cruzar la mitad de un "diente". Si los paneles están revestidos de yute (arpillera), esta operación se hace fácilmente usando un cortante. Con un panel sobre alambre tejido, corte a través del tejido con una sierra y parta la junta de cola. Si es necesario cortar los "dientes" mantenga firme el panel con una morsa y corte con cuidado a través del "diente" con una sierra.

Cuando esté conforme con la posición de los paneles, sáquelos todos excepto el panel central, y marque la posición de éste adelante y atrás. Trace líneas que prolonguen los lados del panel, pues estas marcas quedarán ocultadas por el adhesivo cuando fije los paneles. Repita el proceso en los costados y tendrá el punto de partida para dos o cuatro paneles centrales.

Los paneles individuales se colocan con un adhesivo basado en alquitrán, comenzando en el centro del cuarto, tal como lo determinó al organizar los elementos sin el adhesivo. Usando un distribuidor del adhesivo dentado coloque bastante adhesivo sobre el piso para colocar el primer panel (o los dos o cuatro primeros) y evite que quede adhesivo sobre la cara visible del panel. Coloque los paneles en su sitio golpeándolos levemente con una maza sobre un recorte de madera para proteger la terminación. No se necesita adhesivo con las baldosas autoadhesivas; saque el papel de protección trasero y coloque las baldosas en su lugar.

Trabaje hacia afuera desde el centro hasta llegar a una distancia de la pared equivalente al ancho de un panel. Asegúrese que las juntas machimbradas se encuentren firmemente ensambladas. Para cortar el último panel al tamaño adecuado coloque un panel entero arriba del último colocado. Por sobre éste coloque un segundo panel, que quede a 12,5 mm de la pared, y marque en el panel de abajo el borde que quedó hacia el interior del cuarto; por allí debe pasar la línea de corte en el panel colocado debajo (ver diagrama de la página 45 y las fotos de la página 88). Recorte el primer panel a lo largo de la línea y que debería calzar exactamente en el espacio disponible.

Después de colocar todos los paneles del borde coloque tiras de corcho para permitir la expansión de la madera entre este borde y la pared, y reponga los zócalos si los sacó; si los zócalos no fueron retirados, coloque una moldura cuadrada o de media caña para cubrir la brecha dejada por la expansión.

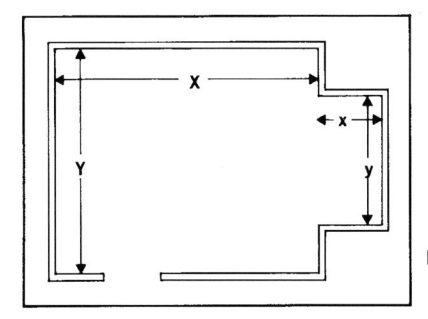

MIDIENDO

Mida las paredes más largas (X e Y) en metros. Calcule las áreas pequeñas, tales como los nichos, por separado (aquí sume x veces y) y agregue un 5% al total del cálculo. El largo de la tira para la expansión del piso es 2X + 2Y + 2x.

COLOCANDO TABLAS DE MADERA

Una base firme y nivelada es esencial para colocar tablas de madera (en especial los tipos de menor espesor). Esto se logra con una capa de nivelación colocada sobre un piso compacto y hardboard o madera terciada en un piso de madera suspendido. Si un piso de madera tiene una ondulación (frecuente en las casas viejas) también a estos pisos debe aplicarse un compuesto nivelador después de la madera terciada. Hay que dejar cajas de inspección para tener acceso a los cables y las cañerías.

Hay diferentes tipos de tablas de madera y formas distintas de colocarlos; por eso es esencial que antes de comenzar la instalación lea las instrucciones del fabricante. Algunas tablas más gruesas requieren por debajo una membrana impermeabilizada; otros tipos más finos pueden ser colocados directamente sobre el hardboard o la madera terciada.

Cualquiera que sea el método que emplee calcule cuántas unidades necesitará para cubrir el cuarto, dejando un margen de 10 mm entre la pared o los zócalos si éstos se dejan en su lugar. Las tablas de madera se colocan en ángulo recto con los pisos existentes y paralelos a la pared más larga. Calcule cuántas unidades necesita para cruzar el cuarto y si el ancho de la última tira es inferior a 25 mm recorte también la primera tira, de tal modo que la primera y la última sean iguales.

Las tablas de madera vienen machimbrados y la primera hilera (cortada a un ancho menor si fuera necesario) debe quedar a 10 mm de una de las paredes aisladas, con la acanaladura del machimbre mirando hacia la pared y la parte sobresaliente hacia el cuarto. Para ubicar correctamente la primera hilera recorte una tira de madera de 100 mm de largo y de 25 mm x 12 mm y deslícela entre la primera hilera y la pared. Necesitará cortar suficientes pedazos para controlar la distancia de 10 mm todo a lo largo de la pared para la expansión (ver página 47 para indicaciones sobre algunos recursos adicionales).

Una vez que la primera hilera ha sido colocada (ver imagen de la derecha y la página 46) se coloca la segunda de tal modo que las juntas finales entre las tablas coincidan con la acanaladura de la primera y el saliente de cada una entre en la acanaladura de la siguiente. Se necesita un recorte de una tabla para colocar su acanaladura en el saliente de la tabla a instalar, que sirva para incrustar firmemente la segunda tabla en la primera. Cuando llegue a la última hilera habrá que cepillar las tablas a un ancho correcto (dejando margen para la expansión), maniobrando para insertar las últimas tablas en la saliente de la anterior y finalmente se debe forzar con una palanca, usando un pedazo de madera contra la pared o el zócalo.

Llene los lugares destinados a la expansión con tiras de corcho y cubra con molduras cuadradas.

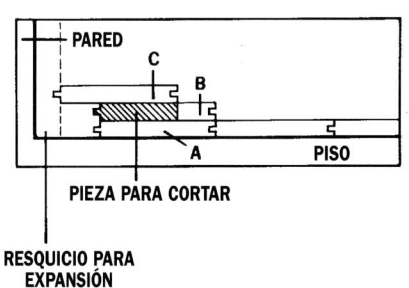

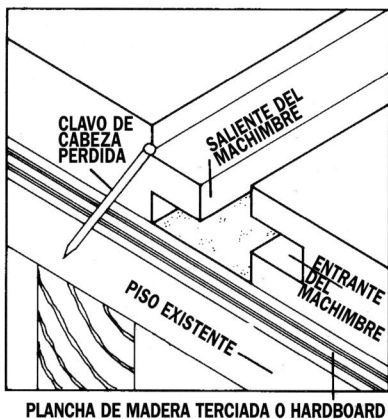

CORTANDO LAS PIEZAS DE LOS BORDES

Con las tablas en baldosas extienda un panel completo (B) exactamente encima del último panel completo (A), luego coloque otro panel (C) con su borde a 12,5 mm de la pared. Marque y recorte el área sombreada del panel B de tal modo que calce en el espacio que ha quedado libre.

CLAVOS INVISIBLES

Cuando fije un piso de madera golpee el clavo en ángulo, de tal modo que lo cubra la tabla siguiente.

ASEGURANDO LAS TABLAS DE MADERA

Hay tres métodos para asegurar las tablas: clavado invisible, adhesivos y broches.

CLAVADO INVISIBLE Es una técnica usada para asegurar tablas gruesas colocadas sobre una cubierta de hardboard o madera terciada o para reemplazar tablones de madera en un piso existente. Cuando se coloca la primera hilera de tablas se hunden clavos de cabeza perdida colocados en el ángulo donde empieza el saliente de cada machimbre en la madera terciada (o en los tirantes cuando se reemplazan tablones existentes). Para no dañar los salientes del machimbre es conveniente hacer primero agujeros de guía para los clavos. Cuando se coloca la siguiente hilera los clavos no serán visibles. La última hilera de tablas no se puede fijar con clavos invisibles: habrá que clavarla desde la superficie como en los pisos convencionales, rellenando posteriormente los orificios dejados por los clavos. Juntamente con los clavos invisibles debe usarse un adhesivo de madera en el empalme de los machimbres. Cuando clave tablas de madera a tirantes para reemplazar otras deterioradas, asegúrese que cada tabla termine en el medio de un tirante.

PISOS DE MADERA

ADHESIVOS Puede usar adhesivos si coloca tablas de madera sobre un piso compacto. Con este método no quedan realmente aseguradas al contrapiso, sino que quedan "flotando". Se aplica adhesivo vinílico a lo largo de las acanaladuras, en una hilera de tiras antes de encastrarlos sobre las salientes de la hilera anterior. Se usa una línea delgada de adhesivo de 100-200 mm cada 50 mm a lo largo de la tabla. Para la última hilera el adhesivo debe colocarse todo a lo largo de la acanaladura. También se debe aplicar adhesivo a los empalmes de machimbre.

GRAPAS Algunos pisos de tablas vienen con grapas de seguridad que encajan en una ranura especial del lado de debajo de las tablas para mantenerlas juntas. Las grapas están clavadas en el dorso de la primera hilera de tablas y agarrarán la segunda hilera cuando se coloque en su lugar. Se debe usar adhesivo en los extremos pero no en la última hilera de tablas, donde se debe poner adhesivo en todo el empalme.

COLOCANDO TABLAS DE PISO CON GRAPAS

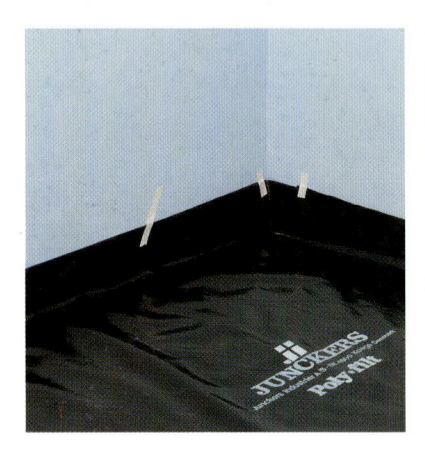

1. Una vez preparado el contrapiso coloque una membrana especial impermeable sobre toda la superficie y forme un zócalo con ella en las paredes laterales.

2. Clave las grapas en la ranura sobre la primera hilera de tablas en la parte que tiene el saliente del machimbre; si fuera necesario reduzca el ancho de la tabla para evitar que la última tabla tenga un ancho inmanejable.

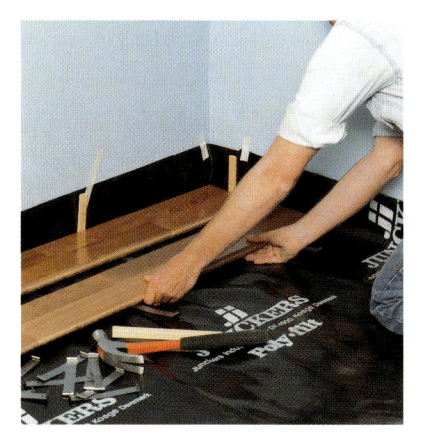

3. Ubique la primera hilera de tablas en su lugar aplicando adhesivo a los empalmes de los extremos e insertando bloques espaciadores de 10 mm entre las tablas y las paredes. Coloque la segunda hilera en su lugar con las grapas ya fijadas.

4. Martille suavemente el borde de la segunda hilera usando un recorte de madera para proteger el saliente del machimbre y para empujar las grapas de la primera hilera sobre las grapas de la segunda.

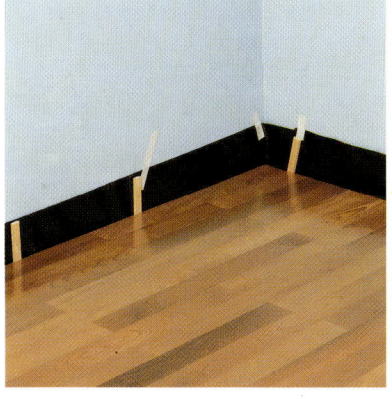

5. Continúe de este modo hasta completar todo el piso.

6. Como terminación, saque las tiras espaciadoras y coloque los zócalos.

PROBLEMAS AL COLOCAR PISOS DE MADERA

Cualquiera que sea el piso de madera que esté colocando, es seguro que encontrará varias dificultades por el camino. Los principales problemas son el corte exacto de los pisos, la colocación de los pisos alrededor de las puertas y alrededor de caños o columnas que atraviesan el piso, y la ejecución de paneles de acceso.

EL CORTE EXACTO DE LAS TABLAS DE MADERA

Cuando coloca estas tablas, tendrá que cortar una buena cantidad hasta lograr el largo exacto, y por lo menos una del ancho exacto.

El corte del largo de las tablas es el más difícil, pues debe asegurar que esté en escuadra y planearlo con cuidado para poder usar todos los pedazos. Si comienza en un rincón de un cuarto, tendrá los dos lados entrantes del machimbre mirando hacia las paredes. Suponiendo que este pedazo no alcanza el largo del cuarto, tendrá que cortar un segundo trozo para cerrar el hueco. Marque la línea de corte usando una escuadra y mantenga el serrucho estrictamente derecho y en ángulo recto con respecto a la madera. Haga la marca para que el entrante de la pieza que está cortando en el saliente de la pieza colocada, con el extremo cortado contra la pared. Ahora use el pedazo sobrante cortado y úselo como la primera pieza de la siguiente línea. Esto minimiza el desperdicio.

Cuando corta una tabla a lo ancho (para cerrar el último hueco) la herramienta ideal es una sierra circular que puede ser regulada para dar el ancho exacto requerido. Luego corra la sierra a lo largo de la tabla poniendo atención en el extremo del corte para mantener una línea recta. Haga un corte leve preliminar para asegurarse que la línea de guía es correcta.

CONTORNEANDO CONDUCTOS

Hay una técnica especial para colocar pisos de madera contorneando tuberías. Mida primero con exactitud dónde quedará el caño sobre la tabla que se debe instalar, y transfiera estas dimensiones a la tabla dibujando el lugar exacto a través del cual pasará el caño. Verifique que el dibujo es correcto poniendo la pieza de madera contra el tubo. Ahora marque el centro del orificio y con un taladro haga un círculo con un diámetro 3 mm mayor que el tubo, dejando margen para la posible expansión de la madera.

Cuando haya taladrado el orificio haga dos cortes en ángulo con un serrucho de dientes finos, desde el borde de la tabla hasta los laterales del orificio, de tal modo que divida la tabla en dos pedazos. Ahora se puede poner la tabla en su lugar contorneando el caño y encolar posteriormente la pieza cortada. Limpie inmediatamente el exceso de cola con un trapo húmedo. Con un trabajo cuidadoso el ajuste puede quedar perfecto.

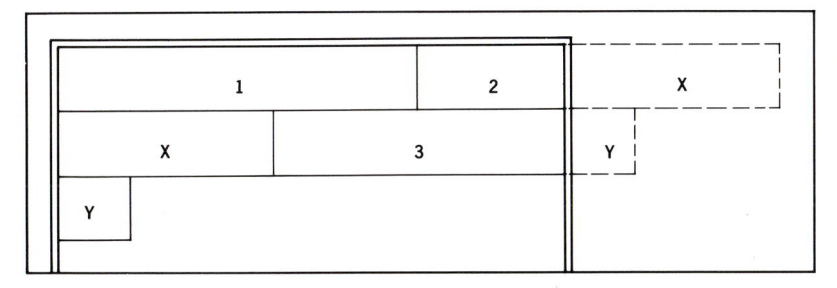

CORTANDO LAS TABLAS A MEDIDA

Después de colocar la tabla 1, corte la tabla 2 de tal modo que termine a 10 mm de la pared, el área recortada (X) de la tabla 2 se convierte ahora en la primera tabla de la segunda fila. De la misma manera, el área recortada (Y) de la tabla 3 se usa para comenzar la tercera hilera.

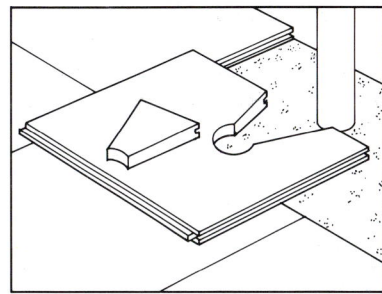

CONTORNEANDO UN CAÑO

Después de marcar y perforar un orificio ligeramente mayor que el caño, haga dos cortes en ángulo de tal modo que el pedazo recortado pueda ser encolado y colocado en su lugar detrás del caño una vez colocado el panel principal.

Izquierda: *El piso de madera de haya es un revestimiento ideal para una cocina.*

AJUSTANDO EL PISO CON LAS PUERTAS

A menos que pueda sacar los contramarcos de las puertas al mismo tiempo que los zócalos, encontrará dificultades para cortar el piso de madera de manera que calce alrededor de los marcos de las puertas. Si no hace esto es probable que dañe el contramarco y deberá sustituirlo; en este caso el nuevo contramarco debe ser más corto, considerando el aumento de espesor del piso, para que se asiente encima. En forma alternativa, es posible que pueda cortar la base del contramarco sin sacarlo, pero esto requiere gran pericia.

Finalmente, podría usar una herramienta capaz de copiar el perfil del marco y del contramarco, para reproducir la forma, transfiriendo ésta al piso, para luego recortarla con una sierra, para que calce en la puerta.

TERMINACIONES DE LOS PISOS DE MADERA

Algunos pisos de madera se venden con una placa protectora de vinilo y no necesitan otra terminación, aunque se suele recomendar una única mano de barniz.

Con otros tipos de pisos y con tablas simplemente cepilladas y lijadas, es necesario aplicar una terminación para que el aspecto del piso se conserve bien, sea de fácil limpieza y quede protegido del desgaste general.

Con las tablas convencionales y pisos de pino sin sellador puede primero colorear la madera para darle un tono más profundo que el natural. Existe la posibilidad de elegir en una vasta gama desde los colores "naturales" de madera como la teca o la caoba, hasta los más exóticos como los rojos, los amarillos y los verdes.

No es probable que se quiera pintar todo un piso nuevo, pero es posible decorarlo con diseños con plantillas, usando tonalidades pastel. También estas plantillas pueden usarse para obtener efectos sutiles.

La mejor terminación para un piso de madera es un sellador de goma laca y cera, pero su aplicación da mucho trabajo, no tiene un buen desgaste y necesita ser encerado regularmente. Un sellador de aceite resinoso es más resistente y mantiene el carácter de la madera, pero la terminación más común es un barniz con poliuretano. Sólido, resistente al calor y liviano, el barniz de poliuretano o el sellador de piso de este material es la forma más práctica de terminar un piso de madera.

En su mayor parte los fabricantes de madera para pisos recomiendan su propia marca de sella-

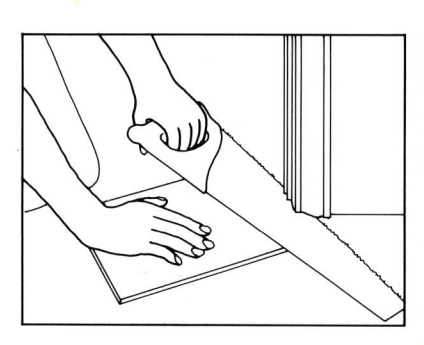

CORTANDO A TRAVÉS DEL CONTRAMARCO

Use un pedazo del nuevo piso como guía para cortar la parte inferior del contramarco, de tal modo que se pueda colocar el nuevo piso por debajo.

Derecha: Un piso de tablas tratado con barniz protector de fábrica es fácil de mantener limpio y resiste bien el uso. Un tratamiento adicional puede ser necesario en las áreas de mucho tránsito.

dor, pero usted puede elegir otro de marca registrada. Asegúrese de utilizar un barniz de poliuretano "duro" capaz de soportar un uso intenso.

Para preparar la superficie a barnizar puede ser necesario pulir la superficie de la madera, a menos que ya lo estuviera; luego siga las instrucciones del fabricante para su aplicación. Se necesitan por lo menos tres manos, dejando que cada mano se seque antes de aplicar la siguiente, y pasando una lija fina entre mano y mano.

Generalmente se llenan los resquicios para la expansión dejados alrededor de un piso de madera con tiras de corcho y se cubren con los zócalos, pero si quedan visibles, adápteles molduras con un perfil de media caña o cavadas. Las molduras se clavan a los zócalos (no a los pisos) y se pueden barnizar como el piso o pintar haciendo juego con los zócalos.

USANDO MOLDURAS

Donde queda visible la tira de expansión de corcho delante del zócalo cúbrala con una moldura de media caña o con una moldura cóncava. Clave la moldura en el zócalo y no en el piso.

Arriba: *Aplicando barniz a un piso raspado y lijado.*

CORTANDO CAJAS DE INSPECCIÓN

Cuando se necesita acceder a caños bajo el piso o a redes eléctricas como cajas de cables, es necesario dejar en el piso trampas de inspección. Las páginas 17 y 21 dan detalles de la forma de hacerlo para pisos flotantes de listones; cuando se superpone un piso de madera se necesitarán nuevos cortes para alinearlos con las trampas de inspección existentes.

Arriba: *Una selección de algunas de las tinturas disponibles para tratar maderas.*

PISOS DE MADERA

ALFOMBRAS Y ROLLOS PARA PISOS

Las alfombras son una forma muy popular para cubrir pisos. Lujosas y cálidas bajo los pies, son silenciosas, pueden ser coloridas y agregan mucha calidez a un cuarto. En el mercado hay muchos tipos diferentes de alfombras. Su fabricación, sus materiales y sus diseños varían mucho, y su elección dependerá de diversos factores.

El atractivo efecto de los bordes en estas baldosas de alfombra, se logra colocando baldosas adyacentes con sus fibras apuntando en direcciones opuestas y cruzando las baldosas diagonalmente en las esquinas de los bordes perimetrales.

TIPOS DE ALFOMBRAMIENTOS

Cuando elija una nueva alfombra, tome en cuenta un factor principal: ¿Dónde se debe poner la alfombra? Si el sitio es muy transitado, como la entrada a un hall o un cuarto que se usa constantemente, como una sala de juegos, se necesita una alfombra resistente. Pero si se trata de un dormitorio, la durabilidad no es primordial y la elección de la alfombra dependerá de su aspecto y su confort al caminar. Si elige alfombras para cocinas y baños, se necesita a la vez una superficie de fácil limpieza y resistente al agua.

FABRICACIÓN DE ALFOMBRAS

Se fabrican alfombras de tres tipos: enruladas, de hebras o tejidas.

LAS ALFOMBRAS ENRULADAS tienen las fibras clavadas en una base adhesiva y luego se aplica calor para fijarlas. Luego se aplica una segunda capa. Las alfombras enruladas son de fabricación económica y no son peludas. Las alfombras cortadas como baldosas se hacen generalmente con esta tecnología.

LAS ALFOMBRAS DE HEBRAS son el tipo más popular y tienen mechones de hebras adheridos a una base tejida y luego fijados con adhesivos de látex. Luego se agrega una segunda capa, que a veces incorpora una lámina esponjosa por debajo, para reforzar la alfombra.

LAS ALFOMBRAS TEJIDAS son las más caras y lujosas. Aquí las hebras y la base se tejen, produciendo un resultado fuerte y duradero. En el proceso del tejido se emplean dos métodos distintos: uno que permite una variedad de colores y diseños, y otro que sólo admite cinco colores, y generalmente se fabrican en un solo color empleando trenzados continuos de material.

MATERIALES DE ALFOMBRAMIENTO

Se pueden hacer alfombras con una amplia variedad de materiales naturales y artificiales. Los materiales más usados son la lana, el nylon, el acrílico y el polipropileno.

LAS ALFOMBRAS DE LANA son las más caras, pero resisten bien el uso, son cálidas, suaves y de fácil limpieza. Tienen mayor resistencia si se mezclan con una fibra sintética, por ejemplo un 80% de lana y un 20% de acrílico.

LAS ALFOMBRAS DE NYLON son sumamente resistentes y los tipos más caros se sienten al tacto casi tan suaves como la lana. Las más baratas atraen a menudo la suciedad y son ásperas al tacto.

LAS ALFOMBRAS DE ACRÍLICO son más baratas que las de lana, pero más caras que las de nylon. Resisten bien y su aspecto y suavidad son parecidas a las de lana. Las fibras de acrílico se mezclan con frecuencia con otros materiales en la producción de alfombras.

LAS ALFOMBRAS DE POLIPROPILENO son baratas y muy durables pero se sienten ásperas al tacto. Tienden a quedar aplastadas, por lo cual se usan a menudo con fibras muy cortas o en baldosas de alfombra que pueden unirse con otros materiales.

ESTERILLAS

Durante muchos años se han usado esteras de fibras naturales para cubrir pisos, y siguen siendo muy populares. Las principales fibras usadas para este tipo de alfombras son la **fibra de coco**, el **sisal** (proveniente de arbustos tropicales) y el **yute**. Todas se fabrican en una gran variedad de diseños, colores y tejidos, son resistentes, suaves (aunque la fibra de coco es un poco peluda) y de fácil limpieza.

Las esterillas son vendidas en general con una base de látex (por lo cual no necesitan agregar una base por separado) y vienen en anchos de 4 metros, de tal modo que pueden extenderse de pared a pared. Se las fija al piso con adhesivos, pero no es necesario estirarlas.

TAPICES

Generalmente se diseñan las alfombras para colocarlas de pared a pared con el objeto de cubrir todo el cuarto. Los tapices están destinados a ocupar sólo una parte del cuarto, formando parte de su diseño interior, especialmente si están muy coloreados y son exóticos.

Casi todos los países tienen tapices tradicionales hechos a mano, por ejemplo los tapices de algodón de la India o los tapices turcos, persas y turcomanos, con sus diseños distintivos y coloridos.

Los tapices modernos hechos a máquina, son menos costosos y se pueden conseguir por pedido.

Para preservar los tapices de buena calidad deben instalarse sobre bajoalfombras, pero si las tablas de madera están desnudas, deben colocarse sobre la alfombra. En pisos de superficies duras los tapices livianos deben estar fijados o asegurados con tejidos metálicos trabados para impedir que se muevan y se deslicen cuando la gente camina sobre ellos.

BAJOALFOMBRAS

Use bajoalfombras de fieltro (1,2) o de caucho (3,4) para alfombras de base textil, y de papel-fieltro (5) para alfombras esponjosas. Los bajoalfombras de fieltro y goma vienen varios espesores y se deberían combinar con el tipo de alfombra que está colocando, teniendo en cuenta el desgaste y las necesidades de aislamiento.

ALFOMBRAS Y ROLLOS PARA PISOS

OPCIONES

La gama de alfombras entre las cuales se puede elegir es inmensa; las hay de materiales naturales y artificiales y fabricadas de diversas maneras. Todos los tipos de alfombra vienen en un magnífico despliegue de colores, diseños y texturas. Los diseños para planchas vinílicas se han vuelto sofisticados, muchos de ellos simulan otros tipos de revestimientos de piso, como las baldosas, y las tablas o bloques de madera. El linóleo se está volviendo a poner de moda, con nuevos colores estilizados y diseños especiales en los bordes.

1 **Alfombras peludas en un solo color, con una composición 80/20 por ciento lana/nylon.**
2 **Planchas de linóleo en varios colores.**
3 **Planchas vinílicas acolchadas y sólidas, en varios colores.**
4 **Esteras de fibra de coco con varios colores y texturas.**
5 **Esteras de sisal.**
6 **Alfombras de fieltro acrílicas, con diseños texturados.**
7 **Alfombras tejidas de un solo color.**
8 **Alfombras tejidas con diseños.**
9 **Alfombra de lana con diseño integrado en los bordes.**
10 **Alfombra de rulo con base esponjosa.**

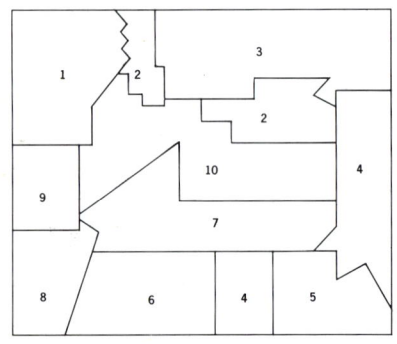

ALFOMBRAS DE PELO

El pelo de la alfombra puede ser ondulado adentro y afuera de la parte de atrás o cortado. Es decir mostrando los extremos de los pelos. Los pelos cortados son de distintas longitudes. Las alfombras de pelo largo se llaman peludas, mientras que las variedades de pelo muy corto son conocidad como terciopelos. Un pelo muy ondulado es llamado a menudo alfombras encordadas. Hay alfombras que pueden ser de pelo cortado o rizado. Observe que las carpetas de pelo rizado necesitan una atención regular y nunca deberían usarse en escaleras, donde los tacos pueden engancharse en los pelos.

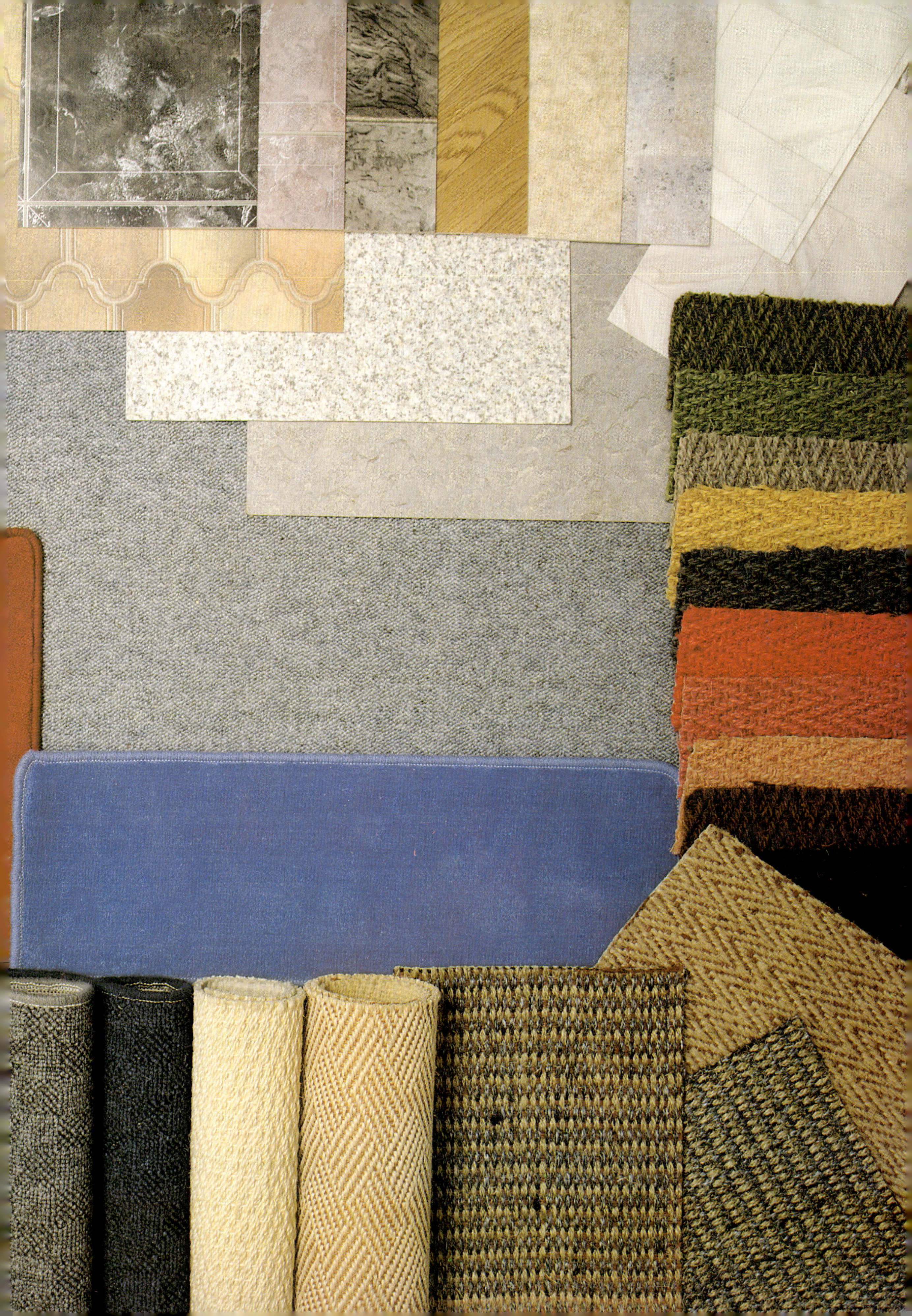

ALFOMBRAS Y ROLLOS PARA PISOS

EQUIPAMIENTO PARA COLOCAR ALFOMBRAS

La foto muestra la mayor parte de las herramientas y equipos necesarios para colocar alfombras.

1. Cinta para alfombrar Destinada a asegurar los cortes hechos en las alfombras. A menudo se usa combinada con adhesivos al látex.

2. Tiras de soporte Tiras de madera con tachuelas para clavarlas en pisos de maderas o encolarlas y clavarlas a pisos compactos.

3. Tiras de umbrales Destinadas a terminar los bordes de las alfombras en las puertas. Disponibles en variedades simples y dobles y con muchas terminaciones diferentes.

4. Estirador de alfombras Es la herramienta más importante para colocar alfombras que tienen bases independientes. La cabeza del frente tiene un conjunto de peines metálicos ajustables que se usan para estirar las alfombras cuando se las fuerza sobre las tiras de soporte.

5. Tachuelas Usadas para fijar tiras de soporte sobre los pisos de maderas (especialmente para alfombrar escaleras).

6. Clavos Usados para fijar tiras de soporte sobre los pisos de madera (en los pisos sólidos se usan clavos especiales).

7. Cortante Usado para cortar alfombras y bases (también es útil un par de tijeras de sastre).

8. Cinta métrica Esencial para medir el tamaño exacto de las alfombras.

9. Martillo con uñas Útil para sacar tachuelas, puede ser usado también (con la cabeza) para clavar tiras de soporte.

10. Martillo con punta Este martillo de cabeza angosta puede usarse para clavar tiras de soporte sin dañarlas.

11. Abrochadora Una forma rápida y confiable de fijar la base.

12. Rodillo costurero Usado para asegurar la alfombra cortada a las cintas y adhesivos.

13. Cinta adhesiva de ambas caras Usada para sujetar las alfombras con base esponjosa. Disponible en dos anchos: 25 mm para uso en los bordes de un cuarto y 50 mm para unir dos piezas de alfombra.

14. Formón de empuje Se usa para empujar las alfombras por detrás de las tiras de soporte y debajo de los zócalos.

15. Adhesivo al látex Se aplica en los bordes cortados de alfombras con base esponjosa, para impedir que se deshilachen. Se usa también para unir dos alfombras junto con la cinta para alfombrar.

PREPARACIÓN

La forma de colocar alfombras depende de si éstas tienen una base esponjosa que funciona como un contrapiso. Son puestas directamente sobre el piso a cubrir, separadas habitualmente por un papel y aseguradas por un adhesivo de doble faz que no se estira. Las alfombras sin esa base necesitan un separador de fieltro o goma que debe ser colocado antes. Las alfombras se colocan después y se estiran asegurándolas en los bordes con tachuelas o colocándolas sobre tiras de soporte.

CALCULANDO EL ALFOMBRADO

Las alfombras se venden por metro cuadrado y el rollo estándar es de 3,65 metros de ancho. Por ende, lo primero que debe hacer es medir la superficie a alfombrar para saber cuántos metros cuadrados necesita.

Mida en diversos puntos el ancho y el largo de cada cuarto y dibuje un plano en escala 1:20, mostrando la ubicación de puertas y ventanas. Lleve este dibujo cuando vaya a comprar las alfombras. En un negocio confiable de alfombras lo asesorarán sobre la manera de realizar una distribución de las alfombras que aproveche mejor el material, dejando un exceso de unos 100 mm en el largo y el ancho, necesarios para la colocación.

CORTANDO ALFOMBRAS AL TAMAÑO ADECUADO

Antes de entrar la alfombra en el cuarto examine de qué manera corre el pelo. En términos ideales debería colocarse de tal modo que el pelo se aleje de la principal o la única ventana y se oriente hacia la puerta, lo cual evita que se obscurezca.

Una alfombra tiene un tacto suave cuando se la acaricia a favor del pelo y ofrece resistencia cuando se procede contra el pelo. Si la alfombra tiene un dibujo, éste debería tener un aspecto regular visto desde la puerta al entrar en el cuarto.

Si la alfombra no ha sido recortada o si se trata de una alfombra de segunda mano, se debería cortar del tamaño adecuado dejando un margen de unos 25 mm para las carpetas de base esponjosa y de alrededor de 100 mm para las carpetas sin base (más si tiene un diseño destacado).

PREPARANDO LA SUPERFICIE

Antes de colocar las alfombras debe dejarse el piso en buenas condiciones, tal como se indica en las páginas 10-27.

Un piso compacto debe estar seco y relativamente liso, aunque una alfombra, con una base gruesa por debajo puede disimular irregularidades pequeñas. Un piso de madera debe ser sano, sin elementos en descomposición, gusanos de madera, tablas sueltas o deterioradas ni clavos sobresalientes o humedad.

A menos que el piso sea muy desparejo, no necesitará nivelar un piso compacto siempre que sea seco. Se puede cubrir un piso de madera desparejo con una placa de hardboard clavada, proporcionando una base lisa al alfombramiento. No es necesario sacar los zócalos, si bien es mejor sacar las puertas, que en algunos casos deben ser acortadas para absorber el espesor de la alfombra.

Se deben sacar del cuarto todos los muebles antes de extender las alfombras, y eliminar todo resto de revestimientos anteriores del piso. Aproveche la oportunidad para pintar los zócalos, tarea mucho más fácil sin revestimientos molestos. Si está poniendo una alfombra no necesita preocuparse por las salpicaduras de pintura en el piso.

Una alfombra resistente de polipropileno puede soportar el tránsito en un hall y viene con una base de yute natural.

ALFOMBRAS Y ROLLOS PARA PISOS

COLOCANDO ALFOMBRAS CON BASE BLANDA

Las alfombras con su propia base blanda se colocan en forma mucho más sencilla que aquellas que requieren una base separada. No es necesario colocar tiras de soporte, la base no requiere ser cortada y ajustada, y la alfombra no necesita ser estirada.

Si un piso de madera está suficientemente nivelado como para no necesitar una cubierta de hardboard antes de colocar la alfombra, el piso debe ser cubierto con una base de papel para impedir que la suciedad pase a través del piso y marque o dañe la alfombra. El papel impedirá también que la base blanda se pegue a las tablas. Se pueden usar hojas de diario pero una base de papel es barata y la vende la mayor parte de los negocios de alfombras.

El papel de base viene en rollos y se puede cortar con tijeras o cortante. Comenzando en un extremo del cuarto, recorte a un tamaño adecuado y colóquelo, dejando a los costados un exceso de unos 25 mm. La última pieza puede ser solapada en más de esta cantidad o recortada en su ancho hasta el tamaño necesario.

El papel de base puede ser fijado con cinta adhesiva de doble faz o con cinta de enmascarar, o bien puede ser asegurado al piso con una abrochadora. El papel debe colocarse dejando un margen desde los zócalos para colocar la cinta adhesiva de doble faz destinada a fijar la alfombra principal.

Por lo general es más fácil colocar alfombras que tienen la base blanda incorporada usando el ancho de una sola pieza, si bien en los cuartos más grandes será necesario unir dos o más piezas.

COLOCANDO ALFOMBRAS CON BASE BLANDA INCORPORADA

Como las alfombras con base blanda pueden encogerse o estirarse, una vez colocadas es preferible recortarlas aproximadamente a su tamaño, dejando un margen de unos 25 mm en cada borde para recortarlas. Luego déjelas estar unos días antes de pegarlas al piso. Se las puede cortar con tijeras, o un cortante trabajando desde su cara inferior.

Cuando la alfombra debe instalarse en una alcoba o un balcón interior, haga un corte paralelo a sus lados dejando también un margen de 25 mm.

Antes de fijar la alfombra enróllela y ubíquela en un rincón del cuarto, dejando el perímetro libre para colocar una cinta adhesiva doble de 25 mm en todo el perímetro. Por lo general es suficiente poner cinta sólo alrededor de los bordes, pero en los cuartos grandes, los fabricantes de alfombras recomiendan colocar tiras de cintas en puntos intermedios. Las cintas de doble faz son fáciles de colocar, pero se debe fijar con firmeza la parte de abajo sobre la superficie del piso (en esta operación puede ser útil disponer de un rodillo para empapelar paredes).

Ahora vuelva a colocar la alfombra en el lugar correcto y enróllela hasta la pared. Empuje bien la alfombra en la unión entre la pared y el zócalo, para poder ver dónde hay que cortarla. Haga el corte final con un cortante afilado que debe ser mantenido en un ángulo alejado de la pared, con la hoja apoyada sobre el zócalo para asegurar un corte parejo. Aplique adhesivo de látex al borde recortado para impedir que la alfombra se deshilache.

Ahora enrolle ligeramente la alfombra hacia atrás y retire el papel protector de la cinta adhesiva doble. Presione la alfombra sobre la cinta, asegurándose de que se adhiera firmemente.

Cuando una alfombra llega al lugar donde hay una puerta, atornille una tira de umbral de aluminio para cubrir el borde de la alfombra. En los pisos sólidos, perfore orificios para poner tarugos destinados a colocar los tornillos. Si a través del piso pasa una cañería, tendrá que adaptar la alfombra a su alrededor. La mejor forma de hacer esto es cortar la alfombra con un trozo de caño del mismo diámetro afilado en un extremo, mediante un movimiento rotatorio para hacer un orificio preciso en la alfombra (asegúrese que éste quede en el lugar correcto) y luego se corta la alfombra desde el orificio hasta el borde de la alfombra, para permitir que ésta se ajuste alrededor del caño. Coloque cinta doble adicional alrededor de la cañería para mantener la alfombra en su lugar.

Una alfombra con base esponjosa de pelos enrulados puede usarse en la mayor parte de la casa y es de fácil colocación.

ALFOMBRAS Y ROLLOS PARA PISOS

UNIENDO DOS ALFOMBRAS

Cuando se deben unir dos pedazos de alfombra de base blanda se necesita una tira de cinta adhesiva de doble faz de 50 mm en el punto de unión. La base de papel no debe quedar por debajo de la cinta, sino terminar unos milímetros separada de ésta.

Ensamble los dos pedazos de alfombra uno contra otro verificando que los bordes se encuentran unidos en todo el recorrido. En caso contrario, superponga los dos pedazos unos 18 mm y luego corte a través de ambas piezas con un cortante. Use como guía una regla metálica poniendo una plancha de madera debajo del corte para impedir que se dañe el piso. Luego se elimina el sobrante de las dos tiras, dejando una unión perfecta.

Coloque primero la pieza de alfombra más grande, centrándola sobre la cinta (ahora elimine el papel protector de la cinta adhesiva). Aplique adhesivo de látex a lo largo de todo el borde cortado de la alfombra y luego coloque a lo largo de la unión la otra pieza de alfombra, eliminando cualquier excedente de adhesivo con un trapo húmedo o esponja. Luego asegure los bordes de ambas piezas tal como se describió.

COLOCANDO ALFOMBRAS CON BASE BLANDA INCORPORADA

◀ **1.** El primer paso consiste en cortar la alfombra aproximadamente al tamaño necesario, dejando un margen de unos 25 mm para los retoques finales.

▶ **2.** Cuando alfombre un nicho, haga un corte paralelo al costado del nicho con un cortante, use una regla metálica y una plancha de madera para proteger la alfombra.

◀ **3.** La base de papel impedirá que la suciedad y el polvo lleguen hasta la alfombra. Pegue una cinta adhesiva de doble faz alrededor de todo el cuarto.

▶ **4.** Asegure la alfombra presionándola sobre la cinta adhesiva doble. Use un cortante para recortar la alfombra en forma exacta contra el zócalo o la pared.

ALFOMBRAS Y ROLLOS PARA PISOS

COLOCANDO ALFOMBRAS CON BASE TEXTIL

Las alfombras con base textil con una base blanda separada requieren mucho más trabajo que las alfombras con base blanda incorporada.

Hay dos métodos para asegurar este tipo de alfombras: doblar-y-clavar, y usando tiras de soporte. Con el primer método, la alfombra se solapa sobre la base blanda en unos 50 mm. Luego se dobla la alfombra sobre sí misma y se clavan tachuelas que atraviesan el doble espesor de la alfombra hasta llegar al piso. Este método no es adecuado para colocar alfombras sobre pisos compactos, a menos que se usen clavos especiales para mampostería. También presenta desventajas en los pisos de madera, pues cada tachuela produce un hoyo en la alfombra que no sólo junta suciedad sino que tiene un feo aspecto.

El método que utiliza tiras de soporte demanda más tiempo y es más costoso, pero el resultado es mucho más satisfactorio. Se clavan tiras de soporte de madera a lo largo de todo el perímetro del piso, dejando unos 10 mm entre la tira y el zócalo o la pared. Luego se estira la alfombra sobre las tachuelas fijadas a las tiras de soporte y se introduce el extremo doblado de la alfombra en el hueco que queda entre la tira y el zócalo. En los pisos compactos, las tiras de soporte pueden ser encoladas sobre el lugar.

La colocación de alfombras con base textil requiere mucha destreza para lograr un estiramiento correcto. Si se trata de una alfombra nueva podría no valer la pena hacer el esfuerzo, en especial si el vendedor de la alfombra ofrece una colocación sin cargo o a bajo precio. Pero si está colocando alfombras de segunda mano o traídas de otra casa (ambas ya habrán sido estiradas por lo menos una vez), vale la pena que lo intente usted mismo.

AJUSTANDO LAS TIRAS DE SOPORTE

Cuando su cuarto ya haya sido medido, el ancho y el largo total (más las dimensiones de cualquier rincón) indicarán el largo total de la tira de soporte necesario (ver diagrama de página 45). Las tiras de soporte suelen tener un largo de 760 mm, pero pueden ser fácilmente cortadas con una sierra de mano o una tijera de podar. Tenga cuidado al manejar estas tiras pues las tachuelas son muy agudas, por lo cual conviene usar guantes de cuero para manipularlas.

Las tiras de soporte se clavan con las tachuelas apuntando hacia la pared, dejando 10 mm entre éstas y la tira. Algunas tiras ya vienen con los clavos colocados; en otras habrá que agregar clavos de 25 mm. Use un martillo con punta para clavar (o un martillo de colocador de alfombras) para evitar que se dañen los clavos. Si dispone solamente de un martillo común use un embutidor. Corte las tiras de soporte cuando llegue a un rincón y coloque pequeños trozos para rodear todos los huecos. Cuando se trate de lugares curvos use tiras cortas para seguir en forma aproximada la curvatura. Cuando salen cañerías del piso corte pequeñas tiras a su alrededor, y haga un orificio tal como se describe en las alfombras de base blanda.

En las puertas, se necesita una tira de umbral exactamente en el borde de la alfombra. Se usan tiras únicas cuando la alfombra no continúa en el cuarto siguiente, y tiras dobles cuando la alfombra continúa más allá de la puerta.

Se dispone de alfombras tejidas con diseños en una amplia gama de dibujos y colores. El diseño que se muestra combina perfectamente con el empapelado de las paredes y los muebles cortinados y tapizados.

COLOCANDO EL BAJOALFOMBRA

Si no necesitó hardboard para nivelar un piso de madera, use un bajoalfombra de papel para impedir que la suciedad y el polvo se filtren entre las tablas del piso. (Ver *Colocando una alfombra de base blanda* páginas 56-57 para detalles sobre la forma de hacerlo.)

Los bajoalfombras de fieltro o de gomaespuma vienen en rollos y se debe comenzar su colocación desde un rincón del cuarto, de tal modo que se introduzcan en el ángulo entre dos tiras de soporte. En un piso de madera, asegure el bajoalfombra con una abrochadora o tachuelas para alfombra. En un piso compacto use cinta adhesiva de doble faz. Corte el bajoalfombra para que alcance exactamente el otro extremo del cuarto y recorte pedazos más pequeños para rellenar los rincones. Las distintas piezas de bajoalfombra deben juntarse firmemente unas al lado de las otras; no es necesario estirarlas, pero usando un estirador puede ser más fácil ubicar correctamente el bajoalfombra. El ancho del último pedazo de bajoalfombra deberá ser recortado para rellenar el hueco existente.

COLOCANDO LA ALFOMBRA

Las alfombras sin bajoalfombra deben ser cortadas dejando en cada borde un margen mayor (100 mm) que las alfombras de bases blandas y más si tienen un diseño con relieve. Resulta difícil cortar la alfombra en el cuarto donde se piensa colocarla. Hágalo en un cuarto más grande o en el jardín si está en buenas condiciones. Recuerde siempre el viejo lema del bricolaje: mida dos veces, corte una.

Ubíquela sin demasiado detalle en el cuarto donde se debe colocar, y si tiene un diseño especial instálelo de manera que quede alineado con la puerta. Cuando esté conforme con la posición, ajuste su tamaño para que en todo su perímetro sobren unos 10 mm. Dé forma a la alfombra para que se adapte a los rincones.

Comience fijando la alfombra en un rincón del cuarto empujándola hasta la tira de soporte. Ahora trabaje en la pared más larga, utilizando el estirador de alfombras para tensionarla y engancharla a las tiras de sostén a intervalos regulares. Cuando llegue al ángulo, recorra unos 300 mm a lo largo de la pared lateral y enganche una vez más la alfombra a la tira de sostén. Golpee la tira de sostén de la pared larga empujando la alfombra sobre la tira con un pedazo delgado de madera o el formón de empuje.

Vuelva a la esquina donde comenzó el trabajo y use el estirador de alfombras para tensar la alfombra a lo largo de la tira de soporte en la pared más corta, hasta que llegue a la otra esquina, doblando por la esquina unos 300 mm y enganchando la alfombra a las tiras de soporte correspondientes.

Así ya tiene enganchada la alfombra en tres ángulos de la habitación y puede comenzar a estirarla en serio. Empiece en la esquina de origen y trabaje a través de la habitación en líneas paralelas en el lado corto del cuarto, estirando la alfombra hasta engancharla en las tiras de soporte de la pared de enfrente. Regrese a la esquina de origen y esta vez trabaje estirando la alfombra en el lado largo del cuarto (prepárese para ajustar las fijaciones en la última pared).

Finalmente, vaya alrededor de todo el cuarto, asegurándose de que la alfombra esté firmemente sostenida por las tiras de soporte y termine de colocar los cabos sueltos entre las tiras de soporte y bajo los zócalos, usando el formón de empuje. Corte el sobrante de la alfombra con un cortante para lograr una terminación prolija.

Cuando utilice tiras de umbral en una puerta, la alfombra debe ser estirada de la misma manera, después de lo cual la tira de umbral debe clavarse, usando un pedazo de madera para proteger la tira metálica.

UNIENDO ALFOMBRAS

Si tuvo que cortar la alfombra en algún punto, utilice una cinta de unión de alfombras sin adhesivos para reparar la unión después de haberla encolado con adhesivo al látex. Use un rodillo de empapelar paredes para presionar sobre el adhesivo los dos pedazos de alfombra. Hacer grandes uniones requiere pericia en la costura y no es algo que pueda encarar usted mismo.

USANDO EL ESTIRADOR DE ALFOMBRAS

Un estirador de alfombras tiene dientes ajustables que deben pasar apenas a través de la alfombra y no llegar al bajoalfombra. Sostenga la almohadilla frontal con la mano para agarrar una parte determinada de la alfombra y luego, mientras empuja con la rodilla, la almohadilla trasera para llevar esa sección hacia delante, y estirar la alfombra de este modo.

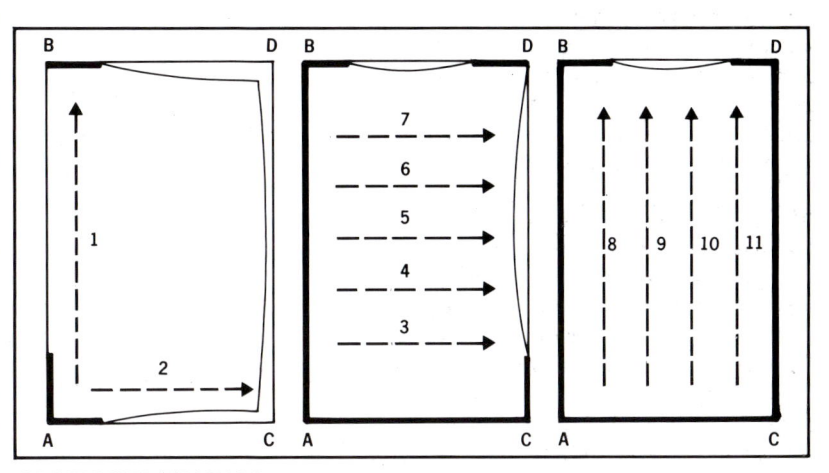

ORDEN DEL TRABAJO
Las flechas del diagrama indican el orden del trabajo cuando se estiran alfombras con base textil.

ALFOMBRAS Y ROLLOS PARA PISOS

COLOCANDO ALFOMBRAS CON BASE TEXTIL

1. Clave la tira de soporte alrededor de todo el perímetro del cuarto, dejando un espacio de 10 mm libre detrás de ella. Si usa un martillo con garra, use la cabeza para hundir los clavos.

2. En el umbral de las puertas clave una tira de umbral.

3. Fije el papel bajoalfombra con una cinta o una abrochadora para impedir que el polvo suba a través de las tablas.

4. Corte el fieltro del bajoalfombra dentro de las tiras de soporte y abróchelo al piso.

ALFOMBRAS Y ROLLOS PARA PISOS

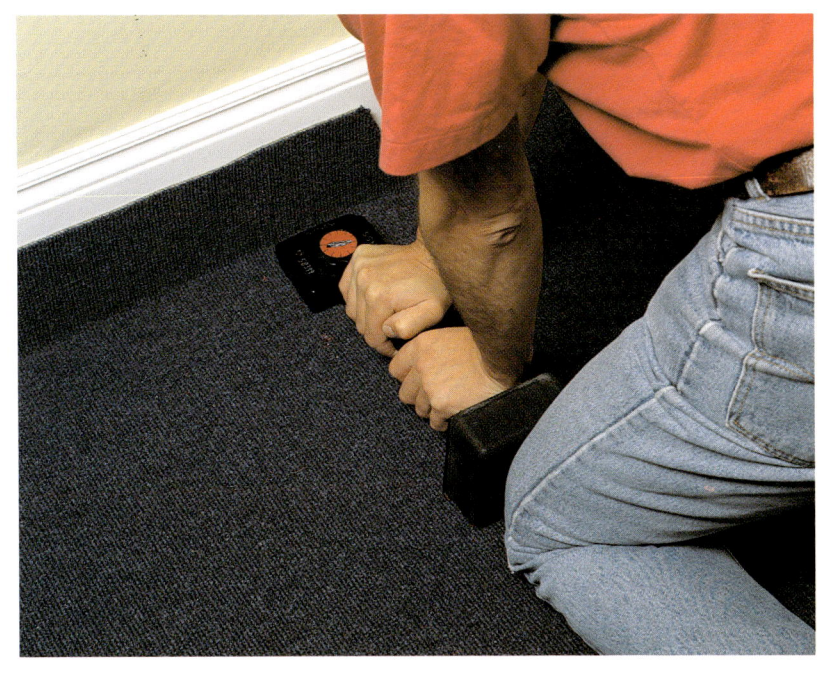

5. Dejando un margen generoso para la terminación use el estirador de alfombras para estirar la carpeta hasta las tiras de soporte.

6. Corte la alfombra en el zócalo con un cortante afilado.

7. Empuje el borde de la alfombra detrás de la tira de soporte y bajo el zócalo, usando un formón de empuje.

8. Cuando la alfombra esté cortada recorte el sobrante con un cortante para lograr una terminación prolija.

9. El resultado final: una precisa alfombra de pared a pared.

ALFOMBRANDO ESCALERAS Y ESCALONES

Alfombrar una escalera no es mucho más complicado que hacerlo en un piso, pero hay que seguir algunas reglas básicas. Antes de empezar verifique si las escaleras necesitan algunas de las reparaciones descriptas en las páginas 22-23. Algunas, destinadas a eliminar el crujido de los escalones, pueden realizarse después de colocar la alfombra siempre que se pueda acceder a la parte trasera de las escaleras; otras, especialmente la reparación de "narices" gastadas, deben ser hechas antes de colocar la alfombra.

MIDIENDO

Probablemente tendrá que cortar las alfombras para la escalera de un paño más grande; por eso es necesario medir la escalera cuidadosamente. Necesitará pedazos separados de alfombra para:
- El hall al pie de la escalera
- La salida en la parte superior de la escalera
- El recorrido de los escalones rectos de la escalera
- Los descansos en los lugares donde la escalera hace una curva

Puede usarse la misma alfombra para la escalera que para el piso principal. En la foto, una alfombra 80% lana / 20% nylon (con una orla haciendo juego en el piso principal) brinda máximo confort y utilidad.

- Escalones de abanico (donde la escalera rodea un ángulo)
- Narices de toro (el escalón prolongado al inicio de una escalera)

La cantidad de alfombra necesaria para cubrir los escalones rectos es la suma de las pedadas (las partes horizontales) y las alzadas (las partes verticales de los escalones) con la excepción de la última pedada. Ésta debería estar cubierta por la alfombra del piso de arriba. Deje un margen de 32 mm sobre el ancho del último escalón para doblar al encontrarse con la balaustrada.

Para los escalones en forma de abanico, se necesita un rectángulo de alfombra igual a las dos mayores dimensiones del abanico, es decir, la alzada más el ancho del escalón medido en su parte más ancha, dejando un margen de 32 mm para doblar.

Si se trata de una escalera con narices de toro se debe agregar algo más a la alzada para permitir doblar la alfombra alrededor del ángulo.

La dirección de las hebras de una alfombra en una escalera debería ser hacia abajo.

AJUSTANDO LAS TIRAS DE SOPORTE

En las escaleras es necesario ajustar las tiras de soporte a la parte trasera de cada escalón (salvo el último escalón antes de un descanso) y al pie de cada alzada para que formen un par de "mandíbulas" destinadas a sostener la alfombra en su lugar. Las mismas deben colocarse junto a la pared, pero distanciándose unos 32 mm de la baranda, dejando espacio para que la alfombra pueda dar vuelta. La tira de soporte también debe ajustarse en la pared cuando existe una curva en abanico, pero esto no ocurre en las escaleras derechas. En los corredores y los descansos debe haber tiras de soporte ajustadas a lo largo de las paredes, tal como se describe en la página 56, salvo en los bordes de los descansos próximos a las barandas, donde la alfombra gira y debe fijarse con tachuelas.

COLOCANDO EL BAJOALFOMBRA

Comience ajustando el bajoalfombra en los descansos y en el hall, tal como se describió antes, pero en un descanso termine a 32 mm de las barandas. Deje un pequeño trozo de bajoalfombra proveniente del descanso para superponerlo a la alzada del último escalón y abróchelo justo debajo de la nariz. Termine el bajoalfombra recortándolo a poca distancia de la tira de soporte sobre la alzada.

Para las escaleras rectas, corte un trozo de bajoalfombra del ancho de cada escalón menos 32 mm para envolver el borde. Coloque todo el largo por los escalones con un borde contra la pared y comience el ajuste desde el escalón superior. Abroche el bajoalfombra para que se ajuste a continuación de la ti-

ALFOMBRAS Y ROLLOS PARA PISOS

ra de soporte en el escalón superior y luego abróchela justo debajo de la nariz de la alzada inferior. Use un cortante para recortar el ancho del bajoalfombra. No es necesario que lo ajuste hacia abajo de la alzada.. Luego vaya al escalón siguiente, y así sucesivamente hasta llegar al pie de la escalera.

COLOCANDO LA ALFOMBRA EN LA ESCALERA

La alfombra del hall y la del descanso deben ser colocadas primero en la forma descripta en las páginas 58–61. Donde el descanso se encuentra con la baranda, doble el borde de la alfombra para que ésta se encaje contra la baranda y clave tachuelas para alfombra a través de ambos espesores. Doble el colgante sobre la primera alzada rodeando la nariz del escalón y empuje el extremo de la alfombra en el ángulo. Recorte la alfombra y dóblela sobre el borde que corre a lo largo de las barandas y ponga tachuelas en la alzada para fijar la alfombra. Será más fácil hacer el pliegue si corta el rincón de abajo en ángulo.

Ahora coloque la alfombra bajando por la escalera y doble el borde en la continuación de la baranda. Comience colocando la alfombra doblando el borde superior y empujándola bajo el colgante desde el descanso ya asegurado en la alzada superior. Use tachuelas para alfombras a lo largo de todo el borde de atrás asegurándose que la alfombra se ajusta bien sobre el lado de la pared. Verifique que la terminación del lado de la baranda esté derecha y clave este borde doblado con tachuelas. Ponga más tachuelas por el lado de la baranda de la alzada siguiente y luego empuje la tira en el ángulo entre la alzada y el escalón siguiente. Acomode los bordes en su lugar usando el formón de empuje. Trabaje hacia abajo, verificando que la alfombra quede derecha hasta llegar al pie de la escalera. En el peldaño al pie de la escalera la alfombra está fijada a la tira de soporte colocada en la base de la alzada (contrahuella). Refuerce la fijación con tachuelas de seguridad. La alfombra del hall se coloca bajo la tira de soporte.

Si se trata de un escalón redondeado, se necesita recortar con cuidado la alfombra para colo-

> ### ESCALERA EN ABANICO
>
> Cuando coloque alfombras en escaleras en abanico es mejor cortar un trozo separado para cada escalón del abanico. Alinee el trozo con la base de la alzada y fuércelo sobre la tira de soporte antes de doblarlo sobre la nariz y cortarlo con un cortante que corra a lo largo de la esquina donde se encuentra con la pared. Luego asegúrelo a la tira de soporte del lado de la pared del escalón del abanico. Para facilitar el doblado de la alfombra, en el rincón interior, recorte una pequeña V del borde. Finalmente corte el borde superior a la forma adecuada y fuércela sobre la tira de soporte en la parte posterior del escalón, ajustándola hasta que alcance la forma final si es necesario.

carla alrededor del pilar de soporte de la baranda y llevarlo alrededor de la nariz curva del escalón redondeado. Colóquelo en su lugar alrededor de la alzada del escalón redondeado.

COLOCANDO LA ALFOMBRA EN LA ESCALERA

1. Para una alfombra de escalera ponga tiras de soporte a lo largo de la parte trasera del escalón y en la base de la alzada, para formar un par de "mandíbulas".

2. Abroche el bajoalfombra recortando a poca distancia de la tira de soporte sobre la alzada y dejando un espacio en el borde de la baranda.

3. Comience a colocar la alfombra en la parte superior de la escalera yendo hacia abajo de a un peldaño por vez.

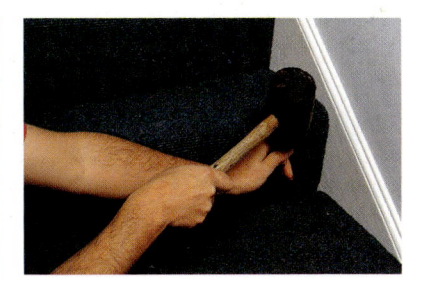

4. Use una maza de goma y un formón de empuje para hundir la alfombra en el ángulo entre el escalón y la alzada.

COLOCANDO BALDOSAS DE ALFOMBRA

La gran ventaja de las baldosas de alfombra consiste en que pueden ser reemplazadas fácilmente en caso de deterioro. Además este tipo de alfombra es generalmente lavable, todo lo cual las convierte en un material ideal para la cocina, el baño o el cuarto de los niños. A esto se suma la facilidad para su colocación.

Habitualmente se producen en baldosas cuadradas de rulos o fibras aterciopeladas, pero pueden conseguirse de otros materiales, incluyendo la fibra de coco.

ESTIMACIONES

Primero debemos medir el cuarto para saber cuántas baldosas son necesarias. El tamaño estándar es un cuadrado de 400 o 500 mm de lado.

Según la forma, las dimensiones y la distribución de su cuarto, decida si quiere comenzar con baldosas enteras a lo largo de las paredes más expuestas (terminando el lado opuesto recortando las baldosas) o bien centrar las baldosas (ver esquema *Marcando la posición inicial*, arriba a la derecha) dejando bordes iguales en todo el perímetro. Idealmente el ancho del perímetro exterior no debería ser inferior a media baldosa, aunque si el borde queda muy fino puede construirse utilizando restos de baldosas ya utilizadas.

Calcule un 5% de superficie adicional para compensar errores cometidos en el corte y para reemplazar sectores en el futuro, sin olvidar que las baldosas habitualmente se venden en paquetes, no individualmente.

PREPARANDO LA SUPERFICIE

Se pueden colocar las baldosas sobre pisos de madera compactos y suspendidos, pero como son relativamente delgadas, se adaptan mejor en una superficie bien nivelada. Sobre un piso sólido, corrija cualquier desnivel con un compuesto nivelador de pisos y en un piso de madera utilice al menos un revestimiento de hardboard. Para nivelar los pisos proceda como se describe en las páginas 10–27.

COLOCANDO LAS BALDOSAS

Si calculó el número de baldosas necesarias y se decidió por dejar un perímetro externo uniforme, marque líneas de tiza para definir el centro del cuarto en ambas direcciones. Para hacer esta operación empape un cordel con tiza en polvo, y fije los extremos en el centro de dos paredes opuestas a nivel del piso, levántelo ligeramente y déjelo caer.

Las baldosas se colocan "secas", es decir sin adhesivos ni cintas. Sin embargo, la baldosa inicial debería fijarse con adhesivo o cinta adhesiva de doble faz, para que quede fija durante la colocación subsiguiente. Si se mueven otras baldosas puede pegar en la mitad de cada baldosa cinta de doble faz, eligiendo cada tercera hilera.

Trabajando a partir del centro, las baldosas se colocan de manera tal que las fibras de las baldosas se inclinen en direcciones opuestas. Generalmente, una flecha en el dorso de la baldosas indica la dirección de las fibras. Si no tiene tal indicación determine con los dedos la dirección de las fibras. Para dar el aspecto de una alfombra completa todas las fibras deben quedar en la misma dirección. Muchos utilizan baldosas de diferentes colores para obtener un efecto decorativo.

Para que las baldosas queden bien unidas entre ellas puede utilizar un estirador de alfombras como apoyo (ver página 59).

Cuando se hayan colocado todas las baldosas, recorte algunas para llenar los huecos en el perímetro, empleando la técnica de la página 88. Para recortar una baldosa de alfombra haga dos muescas en los bordes con un cortante. Luego dé vuelta la baldosa y trace una línea que una las dos muescas, usando una regla metálica como guía para su cortante.

Cuando tenga que recortar baldosas para colocarlas alrededor de un lavatorio con pedestal o un inodoro en el baño, haga antes una plantilla de cartulina que reproduzca la base de estos artefactos y luego transfiera esas formas a las baldosas y recórtelas. Algunas veces, estos artefactos pueden aflojarse para permitir que la alfombra termine por debajo de ellos, lo cual mejora la terminación. Corte las baldosas según lo indicado en la página 87 para rodear cañerías que atraviesan el piso.

En las puertas saque el perfil del marco de la puerta con un copiador de perfiles y transfiera esta forma a las baldosas (considere la ubicación del copiador al marcar el perfil en la parte trasera de las baldosas) y recorte el perfil con una tijera (ver página 87). Coloque una tira de umbral metálica para proteger los bordes de las baldosas en las puertas e impedir su movimiento.

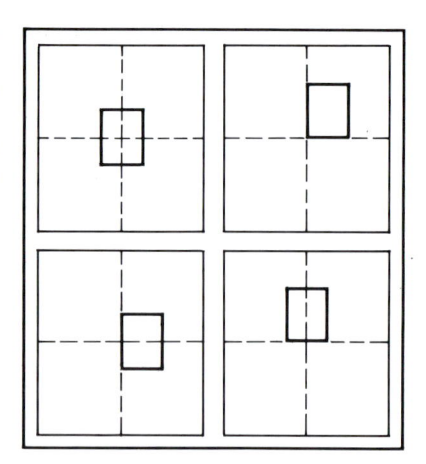

MARCANDO LA POSICIÓN INICIAL

Con líneas de tiza marque el centro del cuarto. Se pueden elegir cuatro posiciones para poner la primera baldosa.

Una selección de baldosas de alfombra, incluyendo a la izquierda baldosas hechas a partir de una mezcla de fibras de coco y sisal.

ROLLOS PARA PISOS

Los rollos para revestir pisos más populares son de vinilo (también se fabrican en forma de baldosas, ver página 70). Hay versiones rígidas y acolchadas; estas últimas son más confortables y de más fácil mantenimiento, si bien las versiones rígidas son más durables. Los rollos vinílicos son superficies muy prácticas, pues resisten bien las manchas y el derrame de líquidos, son fáciles de baldear o barrer, y las versiones acolchadas amortiguan efectivamente los ruidos; por eso son ideales en las cocinas, los baños y los dormitorios de los niños, pero los diseños modernos permiten usarlas en cualquier cuarto. Sin embargo algunas calidades de piso vinílico se desgastan rápido en lugares de mucho tránsito.

El linóleo, en una época muy popular, está renaciendo, y ahora se vende en una amplia gama de estilos y colores. Es cálido al tacto y resistente, por lo cual es ideal en corredores y otras áreas muy transitadas. Es fácil de limpiar cuando está encerado, por lo cual también se adapta a las cocinas. Se vende en baldosas y en rollos (ver página 69). Sin embargo, el linóleo en rollos es de difícil colocación para el aficionado, pues es más pesado, menos flexible y más duro para cortar que el vinilo.

Arriba: Puede ser colocado un moderno linóleo con algunos sorprendentes efectos en los bordes.

Abajo: El vinilo acolchado brinda calidez y confort en un baño.

PREPARANDO LAS SUPERFICIES

Los rollos para pisos deben ser colocados sobre una base plana y seca, preparada en la misma forma que para colocar alfombras (ver página 55), y cualquier trabajo de reparación debe realizarse según se describe en las páginas 10-27.

En pisos de madera desparejos coloque fajas de hardboard; en pisos sólidos desparejos, use un compuesto nivelador.

ESTIMANDO CANTIDADES

Los rollos de vinilo se venden en anchos estándar de 2, 3 y 4 metros. En consecuencia se puede utilizar un rollo único para la mayor parte de los dormitorios, los baños y las cocinas sin necesidad de "costuras". Éstas les confieren mejor aspecto que una simple junta, pero su colocación se hace difícil. El ancho del linóleo suele ser de 2 metros.

Mida el cuarto con precisión para que los rollos que compre tengan el mayor ancho y el mayor largo necesarios. Dibuje un plano del cuarto a escala 1:20 y antes de llevar el rollo donde debe colocarlo, póngalo en un lugar más amplio y marque todo el perfil dejando un borde de 100 mm para poder recortar todos los accidentes del piso. Corte los rollos utilizando una tijera o un cortante afilado y una regla metálica. Enrolle el rollo por el lado más corto y déjelo un par de días en el cuarto donde se colocará para que se aclimate.

ALFOMBRAS Y ROLLOS PARA PISOS

HERRAMIENTAS Y EQUIPOS

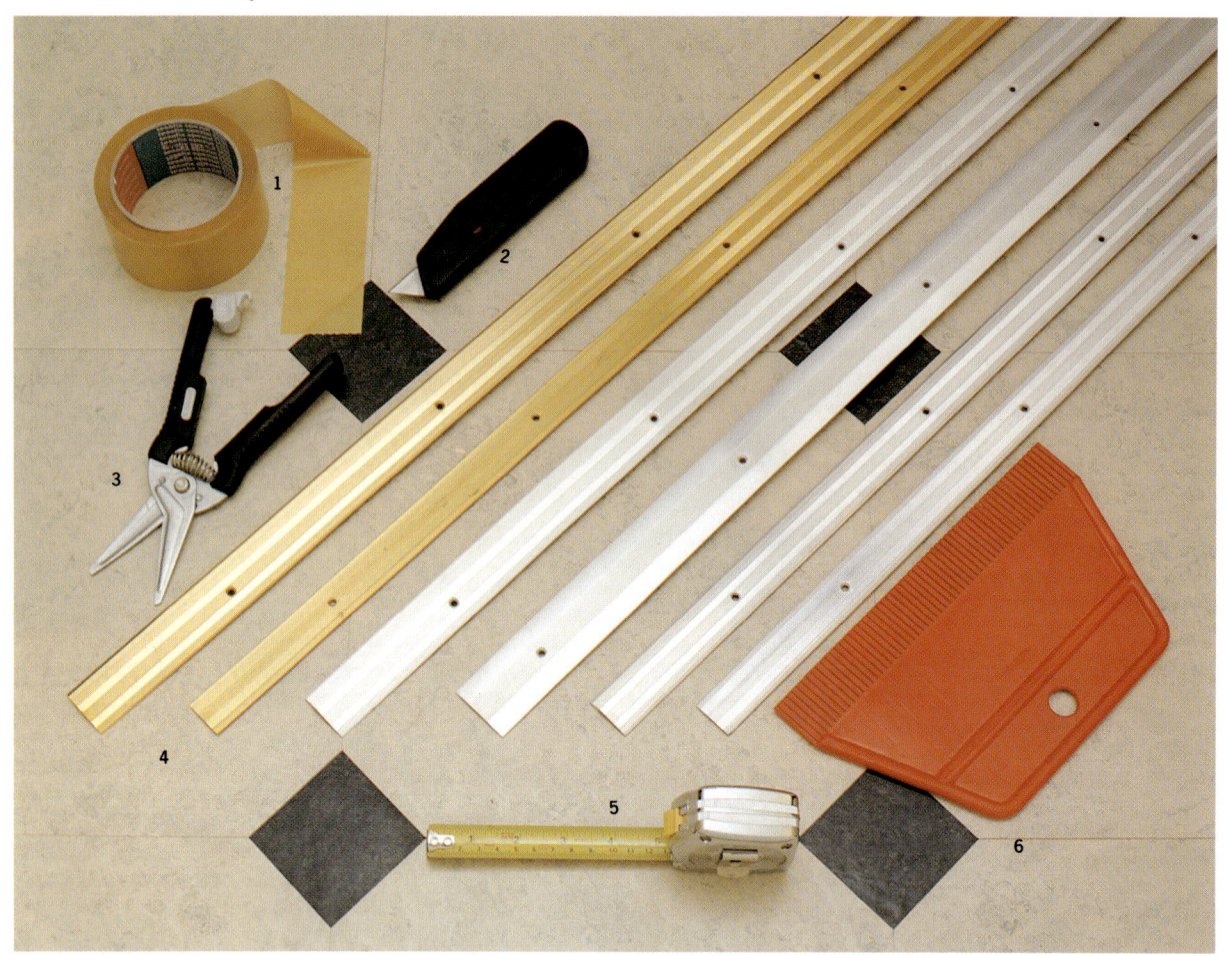

1. Cinta adhesiva Para hacer uniones y reparar cortes.

2. Cortante Para emprolijar los bordes de las planchas.

3. Tijera multipropósito Para recortar rollos al tamaño necesario. Son más eficientes que las tijeras normales.

4. Tiras para umbrales Para atornillar el material cuando termina en una puerta.

5. Cinta métrica Esencial para medir el cuarto con precisión.

6. Distribuidor de adhesivo Usado para aplicar el adhesivo a la superficie del piso en los lugares necesarios.

COLOCANDO ROLLOS VINÍLICOS

No es fácil para una sola persona desenrollar una pieza de láminas vinílicas suficientemente grande como para cubrir todo el cuarto, por lo cual otra debe ayudarla. Asegúrese que el rollo está ubicado en forma correcta y si tiene un diseño, use la puerta como referencia para ubicarlo correctamente.

Para que este tipo de rollos quede plano, haga cortes en los ángulos y luego pase una escoba por toda la superficie. A continuación corte el vinilo de tal modo que quede un borde sobresaliente de unos 50 mm en cada pared, para el retoque final. En los rincones y puertas realice cortes paralelos a sus lados.

Antes de los retoques finales, corte una vez más el vinilo de manera que sólo quede un perímetro sobrante de unos 25 mm y use un bloque de madera para apretar el vinilo entre el piso y el zócalo, luego corte con mano firme la unión entre la pared y el zócalo, manteniendo la hoja del cortante en ángulo con la pared. Alternativamente doble el rollo para marcar el perfil del empalme y luego corte el vinilo con tijeras a lo largo de la marca.

Corte el material cuidadosamente para que se adapte al perfil del marco de la puerta, haciendo coincidir la terminación del material con la parte inferior de la puerta.

Los rollos vinílicos que se adaptan por sí solos no necesitan ser pegados; otros tipos deben ser encolados usando un adhesivo con base de solvente. Los pisos vinílicos acolchados sólo deben ser pegados en los bordes, para lo cual se los enrolla nuevamente, se aplica el adhesivo, y luego se pegan los costados. Los tipos compactos deben ser pegados en toda su extensión, cubriendo la mitad del cuarto por vez. Use una escoba suave para presionar el vinilo y alisarlo.

Coloque una tira en el umbral de la puerta, atornillándola al piso. En pisos compactos coloque tarugos en el piso para introducir los tornillos.

TRAZADO

Cuando quiera que los rollos de piso calcen exactamente en pisos con contornos irregulares, emplee un procedimiento que se llama "trazado". Necesitará un bloque chico de madera y un lápiz. El rollo se coloca lejos de la pared, por lo menos a una distancia igual al tamaño del bloque, y éste se desliza a largo de la pared, sirviendo de guía al lápiz apoyado contra el lado opuesto. La forma de la pared se reproducirá fielmente sobre el material y se obtendrá un calce exacto.

HACIENDO UNIONES

Si necesita unir dos planchas de piso vinílico, superpóngalas primero por lo menos en 25 mm de tal manera que cualquier diseño se combine exactamente. Luego, usando un cortante y una regla metálica, corte a través de ambas capas al mismo tiempo, lo cual garantiza una unión perfecta. Cuando el vinilo no está encolado al piso, use una cinta adhesiva de doble faz para reforzar la unión.

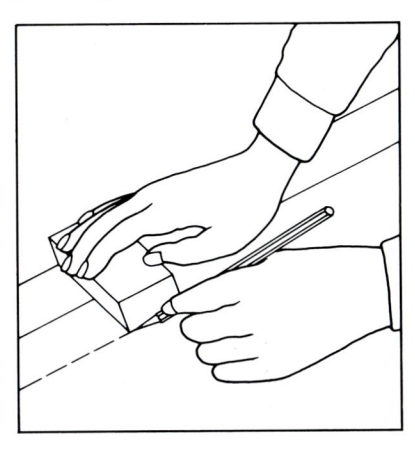

TRAZADOS
Use un bloque de madera y un lápiz para trazar el borde de un rollo que debe adaptarse a una pared de superficie irregular.

COLOCANDO ROLLOS VINÍLICOS

1. Coloque el rollo vinílico aproximadamente en su lugar y haga cortes en los ángulos para permitir que quede liso.

2. Después de ubicar correctamente el diseño (tal como se lo ve desde la puerta) marque el material a 25 mm del borde.

3. Usando esta marca saque el material excedente con una tijera.

4. Ahora doble de nuevo el vinilo manteniéndolo alisado sobre el piso y marque la línea exacta donde se encuentra con el zócalo. A lo largo de esta línea termine con tijeras o con un cortante y luego empuje el vinilo en el ángulo entre el piso y el zócalo con un bloque cuadrado de madera.

5. Aplique adhesivo en caso necesario y barra toda la superficie con un escobillón.

6. Una vez colocado el rollo de vinilo debería estar pegado contra el zócalo, o bien, si no hay huecos, emparejado todo a lo largo.

REVESTIMIENTOS

Se puede pensar que los revestimientos son tan sólo los objetos pequeños, duros y brillantes que se colocan en las paredes de cocinas y baños, pero existe una enorme diversidad, en una gama de materiales aptos para cubrir paredes, pisos o cielorrasos en cualquier cuarto de la casa.

Una ventaja de los revestimientos sobre los materiales provistos en rollos, es su manejo más fácil, especialmente si se deben colocar en espacios de difícil acceso.

Los tradicionales azulejos cerámicos de pared son perfectos cuando hacen juego con la alfarería de arcilla y jarras de barro. Las baldosas decoradas a mano, colocadas en fajas y al azar, suman autenticidad.

REVESTIMIENTOS

Los revestimientos brindan una amplia variedad de texturas, diseños y estilos, y al estar el material dividido en pequeños módulos, es fácil mezclarlo y combinar los diferentes colores y diseños para obtener algunos efectos diferentes. A continuación se hace un resumen de los muchos revestimientos de los cuales dispone el decorador del hogar.

LADRILLO/PIEDRA A muchos les gustan los ladrillos a la vista, que se obtienen con piezas delgadas de piedra o ladrillo, pegadas a una superficie. En algunos casos se trata realmente de delgadas secciones cortadas de ladrillos verdaderos. Otros ladrillos están moldeados, lo cual ofrece un aspecto convincente, pero en el caso de la piedra no es convincente (el material usado es piedra reconstituida). Estos materiales no son adecuados para los pisos, que requieren el uso de los materiales reales.

ALFOMBRA La ventaja de las baldosas de alfombra sobre las que vienen en rollos es la posibilidad de reemplazar una baldosa individual (más detalles en la página 64).

CERÁMICA Es el revestimiento más familiar, vendido en diferentes versiones para paredes y pisos. Los destinados a piso son más gruesos y más fuertes. Son materiales sumamente resistentes y de fácil limpieza, por lo cual son ideales para cocinas y baños. La mayor parte tiene una superficie brillante, aunque se venden algunas versiones sin brillo por sus características antideslizantes en el caso de los pisos. Una superficie cerámica es fría, lo cual, combinado con su dureza, cansa si debemos estar parados mucho tiempo.

En algunos negocios las baldosas cerámicas que se venden son producidas por máquinas en tamaños estándar, pero los distribuidores especializados ofrecen también diseños hechos a mano en una amplia gama de tamaños, formas y modelos individuales.

Colocarlas sobre la pared o el piso lleva tiempo y exige un poco de práctica. Lo más difícil es cortarlas sin quebrarlas para que calcen en los bordes y alrededor de objetos. Aunque son sumamente duras, las baldosas cerámicas son también muy quebradizas. El tipo más común de cerámica para las paredes es cuadrado (104 o 150 mm) aunque se producen de formas oblongas, hexagonales, octogonales, en diamante y entrelazadas. La cerámica para pisos suele ser más grande (cuadrados de 200 mm).

Se venden tipos especiales resistentes al calor para mesadas, y para pisos sometidos a bajas temperaturas hay baldosas resistentes a la helada.

Las baldosas cerámicas se colocan con adhesivos (también existen adhesivos resistentes al agua). Los huecos entre baldosas necesitan relleno. Se usan distintos adhesivos para las baldosas de paredes y pisos.

CORCHO Es una forma de revestir pisos y paredes. Las baldosas de corcho para pisos son más gruesas y más fuertes que las que se usan en las paredes, pero la técnica de colocación es la misma.

Las superficies revestidas con corcho son cálidas, amortiguan el ruido y su textura es atractiva. En algunos casos se fabrican revestidas en PVC o acrílico, y otras requieren un barniz con poliuretano.

Por lo general las baldosas de corcho vienen en cuadrados de 300 mm de lado. Son muy fáciles de cortar con un cortante afilado y se las coloca con adhesivos y algunas se fabrican como autoadhesivas.

LINÓLEO Está volviendo a ser popular como baldosa para pisos, aunque también se vende en rollos (ver página 65). El linóleo se fabrica con ingredientes naturales, incluyendo aceite de lino, corcho y madera, que son horneados y comprimidos transformándolos en un material compacto. Es difícil colocarlo en rollos, pero se han hecho baldosas especiales que son muy estables. El tamaño habitual es en cuadrados de 300 mm de lado, pero también existen otras formas, principalmente octogonales, con pequeños cuadrados insertados.

El linóleo viene en una gama excelente de hermosos colores y diseños y se venden muchas baldosas atractivas para bordear los pisos. Es resistente y cálido bajo los pies.

Las baldosas de linóleo se pegan al piso con adhesivos especiales, distintos de los usados para los pisos vinílicos, y algunos son autoadhesivos.

FIBRA MINERAL Usadas en los cielorrasos, estas baldosas proporcionan calor y aislamiento al sonido. Se venden en versiones planas y texturadas; se pueden encolar al cielorraso o bien, si están machimbradas, se usan broches invisibles en los salientes.

ESPEJOS Como una alternativa a los espejos en grandes planos, se venden espejos en forma de mosaicos con terminaciones en plata, bronce o humo. Se pueden usar para que los cuartos parezcan más grandes o más pequeños, o bien para reflejar la luz, aunque no dan una reflexión perfecta a menos que se apoyen sobre una superficie lisa. Los cuadrados suelen tener 300 mm de lado y se fijan mediante almohadillas autoadhesivas.

MOSAICOS Son versiones más pequeñas de baldosas cerámicas y suelen venir unidos sobre un papel o una base de tejido metálico; pueden adaptarse con facilidad a superficies curvas y a áreas de formas irregulares. Los paneles de mosaicos con pasta de cemento incorporada son más grandes que los mosaicos simples, por lo cual se colocan con mayor rapidez.

POLIESTIRENO Los revestimientos de poliestireno expandido se usan principalmente en los cielorrasos. Impiden las pérdidas de calor y la condensación, sobre una superficie que de otro modo sería fría. Se venden en estilos lisos y texturados. Se deben usar los tipos no inflamables, especialmente en las cocinas, y nunca se deben pintar con barniz basado en solventes o pintura del tipo "cáscara de huevo". Se cortan fácilmente con un cortante afilado y se fijan al cielorraso con adhesivo en toda su superficie y no sólo en los ángulos.

LOSETAS Y TERRACOTA Como material de piso tradicional las baldosas de terracota son sumamente resistentes y hay una gama de colores cálidos y térreos, principalmente rojos y color cuero. Son menos quebradizas que las baldosas cerámicas y tienen una superficie no deslizable. Las losetas se fabrican en formas cuadradas, rectangulares y hexagonales, con superficies lisas o texturadas. Vienen hechas a máquina y a mano. Las losetas artesanales tienen espesores variables y son de difícil colocación. Las hechas a máquina se colocan con un adhesivo con cemento y son aptas tanto para interiores como para exteriores.

Las baldosas de terracota son más cálidas y silenciosas bajo los pies. Al ser porosas necesitan selladores.

GOMA Usadas originalmente como pisos de oficinas y negocios, las baldosas de goma se están popularizando en el hogar. Son resistentes, a pesar de lo cual proveen una superficie silenciosa y suave, que tiene una textura antideslizante. Se venden en una gama limitada de colores uniformes, pero presentan la ventaja de su fácil colocación. Son cuadrados de 500 mm de lado que se pegan con un adhesivo epoxi especial.

PIEDRA Nada la supera para obtener un efecto realmente tradicional. Las baldosas de piedra pueden ser de piedra natural, mármol o pizarra. Pero a diferencia de las baldosas de losetas, son porosas y se debe usar un sellador resinoso para impedir que se manchen.

Son sumamente durables, pero frías bajo los pies, ruidosas, pesadas y de colocación difícil.

REVESTIMIENTOS

VINILO Actualmente uno de los revestimientos de piso más populares. Se vende en forma de baldosas simples y acolchadas, así como en rollos (ver página 65). Estas baldosas son baratas y de fácil colocación, cálidas, confortables, silenciosas, y bien aislantes. Este tipo ampliamente vendido tiene un diseno impreso entre un dorso vInílIco y un frente de material vinílico transparente y resistente. Se fabrican tipos más elásticos, para una colocación profesional; son sólidos y flexibles y sus diseños se parecen mucho a los de los materiales tradicionales, tales como las losetas, el ladrillo, el corcho o la pizarra. Vienen en cuadrados de 300 mm de lado y también de forma octogonal, terminados con pequeños cuadrados contrastantes. Se adhieren con adhesivos y existen algunos autoadhesivos.

OPCIONES

Los revestimientos para paredes y pisos se presentan en una asombrosa variedad de materiales, tamaños, formas y diseños. He aquí una muestra seleccionada de los más raros, que aparecen en la lista más abajo. Los que no están incluyen revestimientos hechos a máquina, a mano y decorados a mano.

1 Cerámicas para piso grandes.
2 Caliza para pisos.
3 Revestimiento de terracota artesanal.
4 Revestimiento de corcho para pisos.
5 Pizarra china para pisos.
6 Espejo.
7 Mármol para pisos.
8 Cuadradito vidriado para pisos.
9 Terracota hexagonal para pisos.
10 Cuadradito de pIzarra.
11 Revestimiento "con forma" (pared).
12 Cuadradito para pared.
13 Revestimiento para pared con recuadro haciendo juego.
14 Combinación de azulejo liso y decorado con moldura de pared.
15 Revestimiento de cemento.

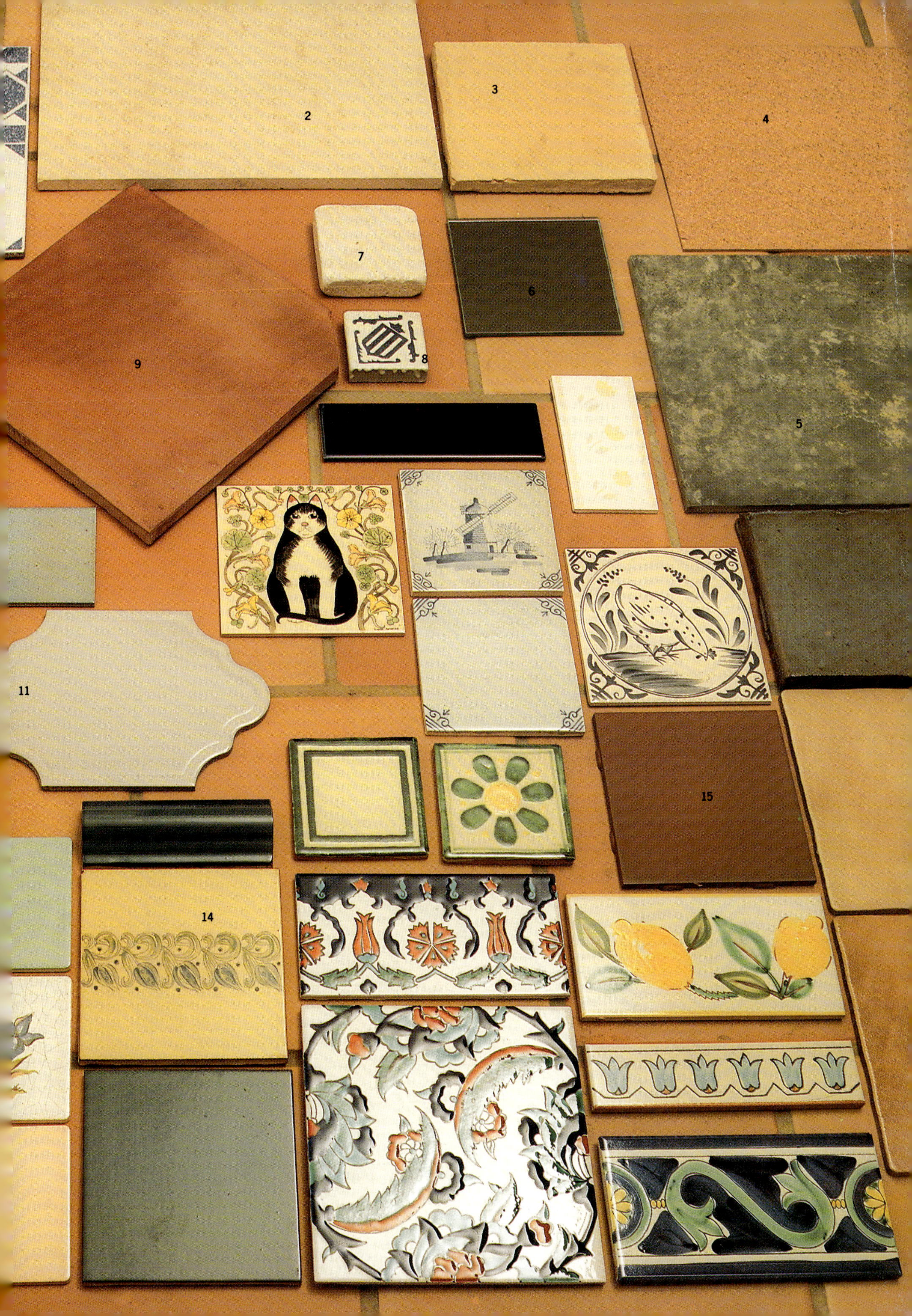
2
3
4
7
6
9
8
5
11
15
14

PREPARÁNDOSE PARA REVESTIR

El trabajo de revestir depende mucho del tipo de revestimiento a colocar y de la superficie que lo recibirá. Por ejemplo, colocar baldosas cerámicas sobre una pared es muy distinto a colocar baldosas vinílicas sobre un piso. La colocación de losetas sobre un piso es diferente a la colocación de corcho sobre una pared. Las instrucciones específicas y el asesoramiento sobre la manera de trabajar los diferentes materiales se dan en las secciones correspondientes de *Revistiendo paredes* y *Revistiendo pisos*.

HERRAMIENTAS Y EQUIPOS

La foto muestra algunas de las herramientas necesarias para colocar revestimientos. En su mayor parte son utilizadas para los revestimientos cerámicos, los más populares.

Cortadores de baldosas Muchas baldosas vinílicas, de linóleo y corcho se pueden cortar con un cortante afilado. Para las variedades más duras ser necesitan cortantes especiales que marcan la superficie y luego ésta se desgrana con una **pinza para baldosas (1)**, que quiebra la baldosa en la línea rayada. Esta herramienta tiene distintas versiones; las hay metálicas para tareas pesadas y de plástico para tareas livianas. Para cortar baldosas cerámicas de piso y losetas se necesita una **máquina cortadora de baldosas (2)** lo cual evita que las baldosas se quiebren. Para cortar los espejos en baldosa hace falta un cortavidrios.

3. Serrucho para baldosas Para recortar formas difíciles de baldosas cerámicas. Tiene una delgada hoja circular abrasiva. Su trabajo es lento, y cualquier tentativa de forzar el corte romperá la hoja. Es la mejor herramienta para recortar muescas en los extremos de los antepechos de ventanas y formas en L para rodear cajas de electricidad.

4. Papel abrasivo Para suavizar los bordes cortados de baldosas cerámicas. Se puede usar papel abrasivo de silicio (arena) y carburo. Como alternativa para esta tarea puede usarse una lima y una piedra de carborundum.

5. Pinza pico de loro Se puede usar para desgranar baldosas cerámicas, por ejemplo cuando se hace un corte cerca de un borde y no se puede sacar el trozo. En este caso también se pueden usar tenazas.

6. Tira de terminación Una forma nítida de terminar el borde de una superficie cubierta con baldosas cerámicas. Para detalles, ver página 79.

7. Distribuidor de adhesivo A menudo se entrega con el adhesivo para las baldosas de pisos y paredes. Este distribuidor tiene muescas para dejar surcos en el adhesivo. En este ejemplo tiene un espátula de goma del otro lado.

8. Espátula de goma Se usa para aplicar mezcla de cemento a las superficies de baldosas cerámicas. La hoja de goma flexible empuja la mezcla de cemento entre las baldosas, y elimina los excedentes de mezcla de la superficie. La espátula para tareas pesadas que se muestra aquí es demasiado pesada para usarla en revestimientos cerámicos de pared, pero es ideal para las baldosas de cemento.

REVESTIMIENTOS

HERRAMIENTAS ADICIONALES

Otras herramientas útiles incluyen un **nivel de burbuja** para fijar baldosas en una pared y verificar las pendientes de los pisos; una **tiza delineadora** para marcar las líneas centrales en el piso; una **plomada** para establecer la vertical en las paredes; los **listones** para las juntas de las baldosas de pared; un **calibre de vara** para definir los módulos a utilizar; una **herramienta de trazado** y un **copiador de perfiles** para reproducir formas difíciles; una **cuchara de acero** para distribuir adhesivos de cemento sobre un piso; una **regla metálica** para servir de guía al cortante; una **cuchara de yesero** para hacer reparaciones en las paredes antes de colocar baldosas y una **cinta métrica de acero**. No use cintas métricas de tela.

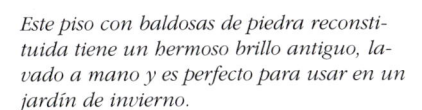

Este piso con baldosas de piedra reconstituida tiene un hermoso brillo antiguo, lavado a mano y es perfecto para usar en un jardín de invierno.

ESTIMANDO Y FIJANDO

Para saber cuántas baldosas necesita para revestir un piso o un área de pared, debe calcular el área a cubrir, tarea simple si se multiplica el ancho por el largo. En los pisos con rincones sume separadamente la superficie de éstos. Para los baños dotados de lavabos con armarios reste el área del piso que ocupa el lavabo.

Si conoce el tamaño de cada baldosa puede calcular la cantidad que necesita dejando un espacio para las uniones de 2 mm rodeando cada baldosa cerámica, y de 6 mm para una baldosa de piso con mezcla de cemento. Divida la superficie a cubrir por la superficie de una baldosa para obtener la cantidad de unidades que necesita. Agregue un 5% para reponer roturas y desgastes.

Por suerte algunos paquetes de baldosas informan sobre la superficie que cubre su contenido; también los tubos de adhesivo o de mezcla de cemento indican la superficie que cubren. Calcule también las fallas de las baldosas para saber si le conviene una baldosa más pequeña en un borde o dos mucho más pequeñas en ambos bordes. Habitualmente no es necesario comprar baldosas más pequeñas que la mitad del ancho de una.

Las baldosas de piso se pueden colocar secas, es decir, sin adhesivos, para verificar la distribución, pero para los revestimientos de pared conviene usar un calibre de vara, que es simplemente un pedazo de madera con una serie de marcas que representan el espaciado de las baldosas. Apoyándolo contra la pared se sabe cuántas baldosas se necesitan y dónde se deben usar baldosas más pequeñas. Como cada varilla tiene cuatro bordes, se pueden marcar cuatro anchos diferentes de baldosas: 108 mm, 150 mm, 200 mm y 300 mm. El diagrama inferior muestra la forma de uso del calibre de barra.

PREPARANDO LAS SUPERFICIES

Todas las superficies a embaldosar deben ser firmes secas y lisas y, en el caso de los pisos, niveladas. Las losetas, por ejemplo, se colocan sobre una cama bastante espesa de mezcla de cemento para emparejar las irregularidades menores sobre un piso compacto. Por otra parte, las baldosas finas de corcho necesitan una superficie muy lisa, pues revelan cualquier irregularidad. Las baldosas de espejo requieren una superficie más lisa aún, pues la reflexión de la luz denunciará las menores protuberancias.

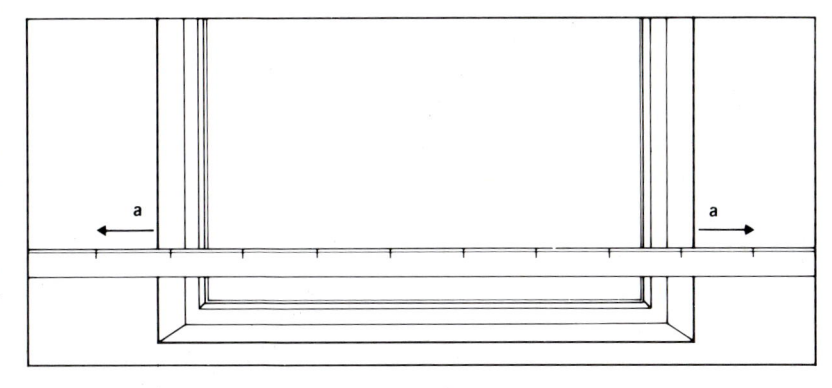

MIDIENDO

Emplee una barra de calibre para uniformar las baldosas a cada lado de una ventana. Ambas distancias deberían ser iguales.

REVESTIMIENTOS

REVISTIENDO PAREDES

Los revestimientos son una forma de decorar una pared, es decir una alternativa al uso de pinturas, o de otras formas de terminación.

Ideales para cocinas y baños, los revestimientos cerámicos brindan una superficie práctica, resistente y de fácil limpieza; los de corcho dan una superficie más cálida y suave. En los livings y dormitorios se pueden usar revestimientos de espejos para reflejar la luz o cambiar la forma aparente del cuarto, el corcho para obtener calidez o las cerámicas para brindar efectos especiales.

Cualesquiera que sean las razones para instalar un nuevo revestimiento, lo primero es asegurarse que la superficie de la pared está sana.

PREPARANDO LAS PAREDES

Para saber qué debe hacer, primero tiene que verificar el estado de las paredes de acuerdo con el tratamiento recibido anteriormente:

PAREDES EMPAPELADAS No se puede revestir una pared conservando el empapelado o revestimiento de vinilo anterior. Por lo tanto lo primero que debe hacer es eliminar cualquier cobertura existente.

Algunos revestimientos vinílicos son fáciles de extraer: se arrancan dejando tan sólo un papel de respaldo fijado a la pared. Para eliminarlo, empape primero el papel con agua con una brocha de pintor para ablandar el adhesivo. Luego ráspelo usando una espátula chata. Existen productos químicos especiales para sacar empapelados, o un detergente ayuda al agua a penetrar en el papel. En caso de un empapelado pintado o vinílico, se debe raspar primero la superficie empleando un formón con dientes.

Si sólo quiere revestir una parte de la pared sin volver a empapelar el resto, use un cortante afilado y una regla metálica para recortar la cobertura existente alrededor del área a revestir y saque lo que necesita.

PAREDES PINTADAS Pueden prepararse simplemente con una solución de jabón para desengrasar y limpiar. Si se ha usado una pintura con solventes, debe lijarse, proporcionando una base para el adhesivo.

PAREDES REVESTIDAS Son ideales para volver a cubrirlas, siempre que sean lisas. Limpie las superficies y líjelas con papel abrasivo al carburo-silicio, dando una base al adhesivo.

El revestimiento aplicado sobre paredes ya revestidas produce acanaladuras pronunciadas: por lo tanto debe eliminarse la cobertura anterior. Si ésta no es demasiado antigua, no debería ser tan difícil pues se la puede levantar usando un formón de empuje, eliminando luego el adhesivo anterior con un raspador, un escoplo o un disco de lijar. Pero en las casas más viejas, muchas veces el revestimiento se fijó al revestimiento con cemento, y para removerlo se necesita un martillo de percusión. En las paredes construidas con bloques puede venirse abajo una parte de la pared al sacar el revoque. Otra forma de evitar una acanaladura visible consiste en emparejar la pared aplicando una plancha de yeso y luego pasando una pintura al látex antes de revestir la pared entera.

YESO Una pared de yeso desnuda debería ser suave, brindando una superficie ideal para revestir. Debe dejarse secar por lo menos durante un mes antes de revestirla, y no debería tener salpicaduras de yeso sobre la superficie.

Selle la pared con una imprimación estabilizadora. Si una superficie enyesada existente se daña, habrá que repararla (ver en la página siguiente *Reparando paredes*). Si el yeso se desmenuza y se desprende, habrá que volver a enyesar. Verifique primero que la humedad no proviene desde afuera de la pared (humedad penetrante) o asciende desde el suelo como resultado de una mala impermeabilización.

Detenga la penetración de humedad con un repelente de agua siliconado aplicado en la parte externa de la pared y la humedad ascendente con una nueva impermeabilización química. Aplique un sellador húmedo a la pared antes de revestirla.

LADRILLO Una pared de ladrillos a la vista debe ser enyesada o cubierta con tablones de yeso antes de revestirla. Alternativamente se la puede cubrir con fajas de madera terciada o aglomerado que sirven como base adecuada para el revestimiento.

Se pueden lograr efectos interesantes con baldosas de pared utilizando baldosas perimetrales para enmarcar un espejo. Las mismas baldosas usadas en forma diagonal enriquecen el lugar.

REVESTIMIENTOS

REPARANDO PAREDES

Todas las superficies de las paredes deben ser reparadas antes de revestirlas. Las pequeñas fisuras, los orificios y los huecos pueden desaparecer con un sellador de paredes aplicado con una espátula y, si fuera necesario, lijadas después que se sequen. Si un orificio es profundo puede necesitar varias aplicaciones sucesivas, pues si se aplica demasiada cantidad el producto no funciona.

Si las zonas dañadas son extensas, pueden repararse usando yeso tradicional o yeso de bricolaje, que tiene la ventaja de sellar orificios profundos en una sola lechada aplicada con una cuchara de albañil o una pala de acero.

Si el ángulo de una pared está roto, apoye un listón de madera contra un lado del ángulo, mientras hace el sellado del otro lado. Luego repita la operación con el otro lado después que se seque el trabajo anterior.

LLENANDO ORIFICIOS

1. Use una espátula de hoja plana para tapar pequeños orificios con un sellador.

2. Después que el sellador se haya secado lije la superficie rellenada.

ELIMINANDO REVESTIMIENTOS ANTIGUOS

1. Para eliminar antiguos revestimientos de pared use un escoplo insertado en el borde de los azulejos que quiere sacar y golpee suavemente con una maza.

2. Si el viejo adhesivo sigue firmemente fijado a la pared, emplee un viejo formón para sacarlo con el bisel de la herramienta enfrentando la pared (para impedir que haga un agujero).

3. Saque los últimos pedazos con una pulidora de disco. Use guantes de protección, gafas contra el polvo y una máscara facial cuando trabaje.

FIJANDO REVESTIMIENTOS CERÁMICOS PARA PAREDES

Cualquiera que sea el tipo de revestimiento, el procedimiento básico es el mismo. Lo primero que se debe determinar es el ancho de las baldosas en los bordes.

Si efectúa el revestimiento desde el piso hasta el cielorraso, trate que las baldosas de los bordes en la parte superior y en la inferior sean de iguales dimensiones, a menos que se pueda utilizar una baldosa completa abajo y más de la mitad arriba. En un baño, es preferible usar una hilera de baldosas enteras (o casi enteras) inmediatamente sobre la bañera, mientras que en una cocina la hilera de guía debe quedar pegada a la superficie de trabajo.

Lo mismo es válido para las baldosas de los bordes laterales, y se debe determinar cómo se relacionan las baldosas con otros elementos, especialmente con las ventanas. Aquí la vara de calibre será esencial, de modo que debe invertir un cierto tiempo para asegurarse que las baldosas ya están convenientemente acomodadas en la parte principal de cada pared, y no terminan torpemente en los bordes y los ángulos. Verifique en particular cómo se relacionan las baldosas cerámicas con los armarios y las cajas de electricidad en las cocinas: no es fácil cortar las formas en L necesarias para cubrir estas alternativas, por lo cual es preferible reducir su número en lo posible.

Los azulejos y baldosas cerámicas de pared necesitan pasta de cemento coloreado (pastina) entre ellas para lograr un buen aspecto.

Algunas baldosas cerámicas tienen espigas separadoras, de modo que cuando se coloquen una al lado de la otra se logre una distancia uniforme. Otras baldosas cerámicas (conocidas como baldosas universales) tienen sus bordes biselados de manera que colocando la parte trasera en contacto entre sí, queda un lugar uniforme para rellenar con pastina. En las baldosas cerámicas con bordes cuadrados habrá que dejar espacio para los huecos a rellenar con pastina.

El método más simple para lograr huecos uniformes consiste en insertar pequeños trozos de madera entre las baldosas, que pueden eliminarse una vez que el adhesivo se ha secado. Como alternativa se usa un espaciador removible de plástico en forma de cruz, que se encaja en la unión de cuatro baldosas. Recorte los brazos del espaciador allí donde sobresalen de las baldosas laterales.

COLOCACIÓN

Cuando esté conforme con las posiciones de las baldosas, decida si comienza a embaldosar en los zócalos o sobre la mesada de la cocina. Fije un listón recto de madera a la pared, de tal modo que su borde superior coincida con la posición del borde inferior de la segunda hilera de los azulejos. Fije el listón con tornillos o clavos de mampostería usando un nivel de burbuja para garantizar que se encuentre perfectamente horizontal, aunque el zócalo o la superficie de trabajo no lo sean. La distancia entre el zócalo o la superficie de trabajo y la parte superior del listón no debe superar la lon-

Se ha revestido todo el baño con baldosas del mismo diseño para obtener un efecto unificador. Observe la hilera de baldosas enteras colocadas inmediatamente por encima de la bañera y las baldosas decorativas colocadas a la altura del límite de la pintura.

gitud de un azulejo, y deje espacio para el hueco a rellenar con pastina.

Luego clave otro listón en forma vertical de tal manera que su borde derecho (si usted comenzó a la izquierda) coincida con la primera hilera vertical de azulejos, (o la segunda, si la primera hilera tiene que ser cortada y llega a un extremo de la pared o a un borde de armario). Fije este listón también con tornillos o clavos de mampostería, verificando con un nivel de alcohol o una plomada si está perfectamente vertical, aunque las paredes o armarios no lo sean. Compruebe que no hay más distancia que un azulejo completo hasta el extremo.

FIJANDO LOS AZULEJOS CERÁMICOS DEL CAMPO

El grupo principal de azulejos enteros (conocido como "el campo" se fija primero y se deja secar el adhesivo. Luego se colocan las piezas de los bordes.

Verifique con una escuadra que los dos listones están perpendiculares (en caso contrario, enderece el que esté fuera de nivel), comience a distribuir el adhesivo sobre la pared en una superficie razonable (un metro cuadrado aproximadamente) y compruebe que el adhesivo está distribuido en forma uniforme sobre esta superficie. Coloque a presión el primer azulejo en el ángulo formado por los dos listones, y vaya agregando piezas hacia fuera, colocando un azulejo por vez. Empuje cada azulejo firmemente contra la pared de modo que el adhesivo se esparza por los bordes hasta que el azulejo esté nivelado. El adhesivo permite deslizar el azulejo sobre la pared hasta ubicarlo en la posición correcta.

Para las baldosas cerámicas que no tienen lengüetas separadoras o bordes chanfleados use espaciadores plásticos para crear los huecos necesarios. Como cada baldosa ha sido presionada, verifique con su vara de calibre que se encuentra en la posición correcta y compruebe a ojo que está derecha. De vez en cuando sostenga un nivel de alcohol o una regla metálica a través de la superficie embaldosada para comprobar que se mantiene en el mismo plano. A veces es necesario sacar una baldosa o agregar adhesivo para llevarla al nivel de las otras, o bien eliminar adhesivo para mantener la uniformidad.

Continúe con esta rutina, distribuyendo adhesivo y fijando baldosas hasta que todo el campo se encuentre fijado. Si debe colocar azulejos sobre una puerta o una bañera (donde comenzó al nivel del zócalo) o en un zócalo (cuando inició la colocación al nivel de la mesada) fije otro listón para sostener la hilera inferior de baldosas, con el fin de impedir que todo el conjunto se deslice hacia abajo por su propio peso.

Todo el adhesivo excedente debe ser removido de la cara frontal de las baldosas, sin permitir que se seque en ese lugar.

COLOCANDO LOS AZULEJOS DE LOS BORDES

Deje los listones en su lugar hasta que el adhesivo de las baldosas del campo se haya secado, y luego retírelos cuidadosamente.

Ahora puede comenzar a pegar las baldosas de los bordes. Si se trata de baldosas cerámicas, necesita verificar qué baldosas se deben colocar. Hay tres sistemas diferentes:

• Con las baldosas "universales", cada una debe usarse en el campo o en un borde expuesto.

• Con las baldosas cuadradas, tal vez los cuatro bordes se han puesto brillosos (también se las conoce como "universales") en cuyo caso todas las baldosas pueden ser usadas en cualquier parte. Puede ocurrir que sólo algunas de las baldosas de una caja tienen uno, dos o cuatro bordes brillosos, para ser usadas en bordes y ángulos expuestos.

• Las baldosas con lenguas espaciadoras laterales se usan como baldosas de campo, mientras que las baldosas con lenguas espaciadoras en tres bordes se redondean en un cuarto lado para usarlas en los bordes expuestos. Las baldosas con espigas espaciadoras en dos bordes adyacentes, con otros dos bordes adyacentes redondeados se usan en los ángulos expuestos. Tal vez necesite comprarlas por separado, para lo cual calcule cuántas necesita.

Una forma alternativa de terminar los bordes de baldosas cerámicas consiste en utilizar una ti-

La colocación de las baldosas puede centrarse en un rasgo sobresaliente en un cuarto como, por ejemplo, la campana de una chimenea. Aquí el uso hábil e inteligente de baldosas con diseños individuales realza el efecto.

ra lateral plástica que encaje bajo la última hilera de baldosas. Existen variedades que incorporan una tira selladora para usarla sobre la bañera.

Las baldosas de bordes enteros son de fácil fijación. Calzan simplemente contra las baldosas ya colocadas. Pero a menudo habrá que cortar baldosas laterales, recordando que en algunas baldosas cerámicas no se deben recortar los bordes redondeados o brillosos.

Para cortar baldosas cerámicas de pared, mida primero los huecos a rellenar (dejando espacio para la junta a llenar con pastina). Luego marque la baldosa, raye a través del frente y finalmente arranque el sobrante siguiendo la raya (ver *Cortando baldosas cerámicas*, página 80). Las baldosas de los ángulos deben ser cortadas dos veces, una en el alto y otra en el ancho. Haga siempre las dos operaciones por separado.

Para recortar azulejos alrededor de obstáculos como las cajas de electricidad, los antepechos de las ventanas o los ángulos de los armarios, marque las formas a cortar, sea midiéndolas o usando una plantilla o un copiador de perfiles (ver página 87) antes de marcar el corte.

REVESTIMIENTOS

AZULEJANDO UNA PARED

1. Comience a embaldosar fijando un listón vertical para marcar el borde de las baldosas (o una sola baldosa si está contra una pared).

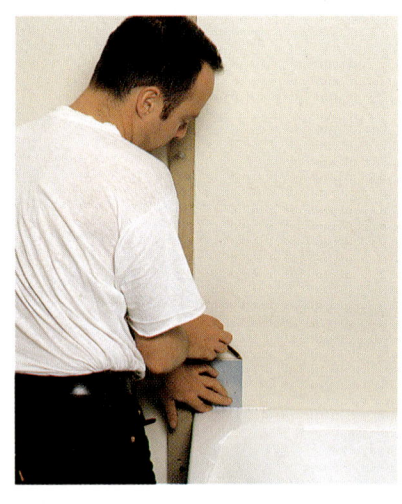

2. Marque la posición de la parte superior de la baldosa entera más baja como guía para el listón horizontal.

3. Fije el listón horizontal en su lugar y distribuya adhesivo sobre una superficie de un metro cuadrado aproximadamente.

4. Comience a poner las baldosas en la esquina que forman los dos listones. Trabaje hacia fuera desde la esquina hasta fijar todas las baldosas del campo.

5. Coloque la hilera de abajo (recortándolas si fuera necesario) y aplique pastina en los huecos entre las baldosas con un distribuidor.

6. En el lugar donde las baldosas de un baño se encuentran con la bañera debe usarse un sellador de baños siliconado para llenar el hueco entre la bañera y las baldosas.

REVESTIMIENTOS

PASTINANDO

Los huecos entre los azulejos cerámicos deben ser llenados con pastina; si se ha usado un adhesivo combinado con pastina para fijar los azulejos se puede usar también para pastinar.

Para distribuir la pastina sobre los azulejos use un secador de goma, empujando la pasta dentro de los huecos entre los azulejos. También se pueden usar los secadores para eliminar el exceso de pastina que quede sobre los azulejos, pero en este caso deber ayudarse con una esponja húmeda. Elimine el excedente de pastina a medida que avance con el trabajo, pues es difícil sacarla cuando se ha endurecido.

Cuando se ha aplicado pastina en todos los huecos entre los azulejos y ha comenzado a endurecerse, recorra todas las líneas con un listón de madera con el canto redondeado (una herramienta especial para termina la pastina) para que la pastina colocada en cada hueco termine en una superficie cóncava. Elimine cualquier excedente de pastina a medida que avanza. Limpie finalmente la superficie con una esponja y lustre los azulejos con un trapo seco.

Donde se colocan los azulejos cerámicos arriba de la mesada de una cocina o sobre una bañera, no llene con pastina el hueco entre los azulejos y la superficie de la mesada o la bañera, en su lugar llene estos lugares con un sellador siliconado que dará más flexibilidad si la bañera o la mesada se desplazan ligeramente.

USANDO TIRAS DE BORDE

◀ 1. Se coloca una tira de borde bajo el último azulejo y se la mantiene en su lugar cuando se asegura el azulejo a la pared con adhesivo.

▼ 2. Para colocar dos pedazos de tira de borde en un ángulo, coloque la tira sobre un molde para cortar a inglete (ángulo a 45 grados) para establecer una unión perfecta.

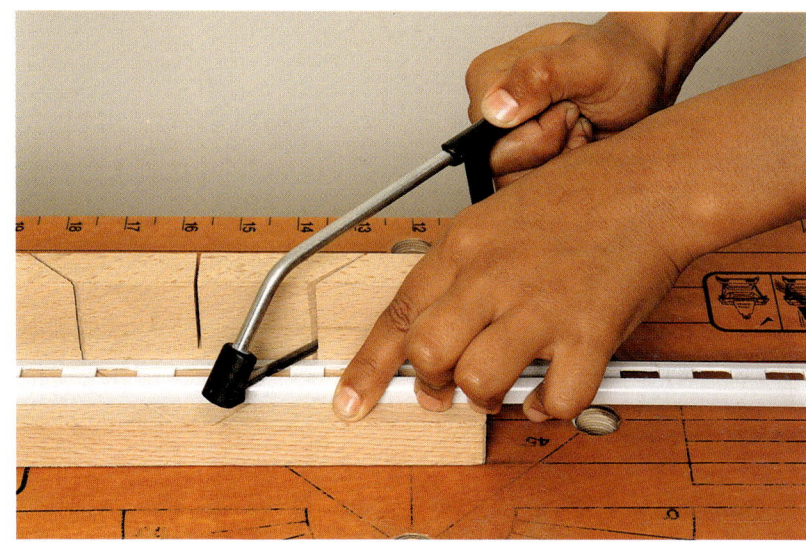

APLICANDO PASTINA

1. Para comenzar la aplicación use un secador para empujar la pastina entre los huecos (aquí se han usado algunos azulejos más angostos como una faja decorativa).

2. Usando una tabla de madera con un borde redondeado, o un instrumento plástico especial para aplicar pastina, produzca juntas cóncavas entre los azulejos.

3. Termine eliminando todo el excedente de pastina con una esponja húmeda (pero no mojada) y finalmente lustre con un trapo seco.

REVESTIMIENTOS

CORTANDO AZULEJOS CERÁMICOS

Para rayar la cara de un azulejo cerámico se requiere una herramienta especial, una punta afilada y endurecida o una rueda endurecida; luego saque el sector a descartar con una tenaza o una pinza pico de loro, o colocándolo sobre la línea marcada y presionando hacia abajo de cada lado del azulejo. En forma alternativa apoye el azulejo sobre el borde de una superficie de trabajo cuadrada con la raya alineada con el borde de la mesa y quite el pedazo sobrante presionando sobre el lado libre. Existe un cortador de azulejos con un dispositivo especial que se adapta a todo hueco a llenar y luego se raya el azulejo en el lugar necesario, dejando espacio para el hueco a rellenar con pastina.

En su mayor parte, las máquinas de cortar azulejos tienen incorporada una barra quebradora para cortar el azulejo después de haberlo rayado. Cuando sólo se debe cortar una pequeña parte de un azulejo, ráyelo como se indicó pero use tenazas o pinzas para descartar el excedente.

En el corte de cualquier azulejo use siempre papel al carburo siliconado, una lima de azulejos, un bloque de carborundum o una lima eléctrica provista de una cinta abrasiva al carburo siliconado para alisar los bordes.

Para cortar una forma en L de un azulejo, use una sierra para azulejos para cortar el primer lado de la L y luego rayar y sacar el otro lado. Para cortar formas como las que se necesitan en el extremo de un antepecho de ventana, emplee primero un copiador de perfiles o una plantilla para copiar la forma (ver página 87) y luego una sierra de azulejos para cortar la forma. Alise los bordes cortados tal como se describe más arriba. Cuando sólo se debe eliminar una pequeña cantidad, raye una línea en la superficie (y muchas líneas en la parte que se va a desechar) y luego corte el excedente con una tenaza o una pinza pico de loro.

1. Para cortar azulejos cerámicos en línea recta, raye primero la superficie y luego use un instrumento quebrador de azulejos.

2. Use una sierra para azulejos para cortar una forma difícil, en el caso de tener que redondear el borde de un antepecho de ventana.

3. Lije los bordes recortados con papel abrasivo al carburo con siliconas.

4. Ciertas formas de un azulejo cerámico se pueden lograr recortándolas con una pinza pico de loro o una tenaza.

OTROS TIPOS DE BALDOSAS DE PARED

Las instrucciones paso a paso dadas hasta ahora se refieren principalmente a azulejos cerámicos. En su mayor parte, las otras baldosas de pared se fijan de igual manera, aunque habitualmente no se necesita dejar un hueco para poner pastina.

BALDOSAS DE CORCHO Se deben fijar siempre con bordes iguales de ambos lados. Por eso, fije los listones verticales en el centro y sáquelos después de lijar la mitad de la pared usando la baldosa que bordea esta mitad como una guía para la segunda mitad.

Se necesita un adhesivo especial para fijar las baldosas de corcho, a menos que sean autoadhesivas, y las baldosas se unen a presión. Recorte las baldosas de corcho con un cortante y utilice un rodillo para sellar empapelados con el fin de presionar los bordes hacia su lugar.

BALDOSAS DE ESPEJO Se fijan a la pared utilizando almohadillas autoadhesivas. Como la superficie debe ser absolutamente lisa, calce una lámina de madera terciada o de aglomerado de densidad media sobre el área donde los listones están fijados a la pared. Para cortar baldosas de espejo, use un cortavidrio para rayar la línea con un movimiento firme, y con un golpe seco sobre un listón separe la parte a desechar. No intente hacer cortes curvos.

BALDOSAS DE MOSAICOS Se colocan exactamente igual que los azulejos cerámicos, tratando cada bloque de baldosas como si fuera una sola pieza. Verifique con las instrucciones del fabricante si hay que dejar un hueco para poner pastina. Para recortar los bordes habrá que trabajar individualmente cada pequeña baldosa y colocarla en su lugar. Si traen una base protectora en el frente de las baldosas, déjela hasta que hayan sido fijadas. Emplee pastina como en el caso de los azulejos cerámicos.

FIJANDO BALDOSAS DE ESPEJO

▲ **1.** Se fijan las baldosas de espejo a la pared con almohadillas autoadhesivas.

▼ **2.** Simplemente saque el papel de protección de la almohadilla y pegue a la pared.

REVESTIMIENTOS

REPARANDO AZULEJOS CERÁMICOS

Si se deteriora un azulejo cerámico, habitualmente es posible eliminar justamente el azulejo dañado y reemplazarlo. Si el azulejo está sobre un borde expuesto es relativamente fácil sacarlo usando un formón de empuje debajo del borde y haciendo palanca hacia arriba. Pero si está en medio de un campo tendrá que perforar en primer término orificios en el azulejo y sacar haciendo palanca pequeños trozos hasta poder introducir la hoja del formón de empuje. Será más fácil hacerlo usando primero un removedor de pastina dentado sobre las líneas de pastina alrededor del azulejo.

Una vez que se ha sacado el azulejo raspe todo el viejo adhesivo, aplique otro nuevo al azulejo y a la pared y empuje el azulejo nuevo a su lugar, asegurándose que esté en línea. Utilice espaciadores bajo el borde inferior para sostener el azulejo mientras el adhesivo se endurece. Finalmente aplique pastina en todo el borde del nuevo azulejo como se describe en la página 79.

REEMPLAZANDO UNA BALDOSA ROTA

1. Para sacar un azulejo roto del "campo" perfore dos líneas de orificios con un taladro, haciendo una línea que atraviese todo el ángulo del azulejo.

2. Use un formón para madera para eliminar los pedazos de azulejo que quedaron entre los orificios.

3. Inserte el borde del formón de empuje y presione suavemente hasta desprender el azulejo.

4. Raspe el adhesivo viejo de la parte trasera de la baldosa.

5. Aplique una nueva capa de adhesivo tanto a la pared como al azulejo y presione con firmeza el azulejo a su lugar, cuidando que quede al mismo nivel que sus vecinos.

6. Use espaciadores plásticos bajo el azulejo para sostenerlo separado mientras el adhesivo se seca. Después rellene el hueco con pastina.

REVESTIMIENTOS

FIJANDO ACCESORIOS SOBRE LOS AZULEJOS

Puede querer fijar elementos a los azulejos una vez que están en su lugar: afiladores de cuchillo en una cocina o una jabonera en el baño, por ejemplo. Para esto no se necesita ningún equipo especial. Se puede perforar el orificio a través del azulejo y dentro de la pared con un taladro normal, con una mecha para mampostería. Coloque tarugos macizos o huecos (según el tipo de pared) para asegurar los elementos a colocar. Pero aquí se deben tener en cuenta dos puntos.

El primero es que un taladro para mampostería tiende a patinar sobre la superficie del azulejo, a menos que haga una muesca en el azulejo en la posición donde quiere hacer el agujero con un fino punzón (esto requiere cuidado para evitar rajar el azulejo), o bien utilice una cinta de enmascarar para cubrir el frente del azulejo (hágalo antes de marcar el orificio) y luego taladre a través del punto marcado.

El segundo punto es que un tarugo para paredes sólidas debe ser empujado derecho a través del azulejo, a menos que sea del tipo en que el extremo externo del tarugo no se expanda. En caso contrario, el tornillo, al expandir el tarugo, rajará el azulejo.

Los tarugos huecos de paredes partidas (usados en divisiones de madera cubiertas con yeso o tablas de yeso) no son un problema, pues el tarugo se expande solamente en su *parte trasera*.

FIJANDO UN PORTARROLLO DE PAPEL HIGIÉNICO A LA PARED

1. Para impedir que el taladro se deslice sobre la superficie del azulejo, aplique cinta de enmascarar antes de marcar la posición de los orificios.

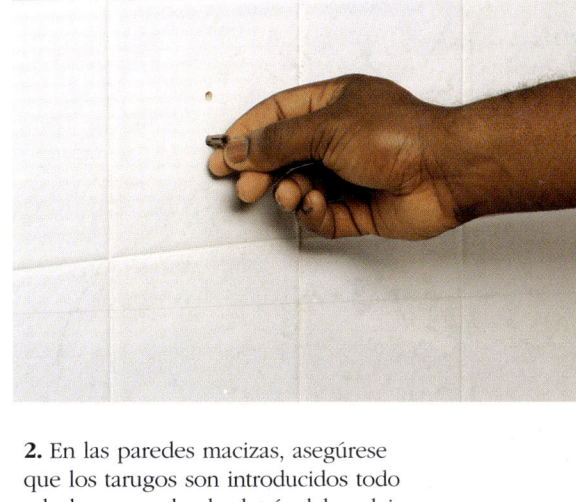

2. En las paredes macizas, asegúrese que los tarugos son introducidos todo a lo largo quedando detrás del azulejo y embutidos en la mampostería.

3. Fije el sostén de seguridad en la pared, usando los tornillos provistos.

4. Asegure el portarrollo del papel higiénico enganchándolo sobre el sostén de seguridad.

EMBALDOSANDO PISOS

Una ventaja de las baldosas sobre los materiales en rollos para revestir pisos es que son mucho más estables y no se expanden ni se contraen como el material que viene en rollos. Esto se aplica especialmente a los pisos vinílicos y de linóleo: las baldosas también son de más fácil colocación que los rollos, de más difícil manejo.

Las baldosas para pisos brindan posibilidades de diseño más atractivas e interesantes. Estas incluyen la mezcla de baldosas con diferentes modelos y colores (normalmente del mismo material) y agregan baldosas perimetrales de motivos que contrastan con el cuerpo principal del piso.

PREPARANDO LOS PISOS PARA EMBALDOSAR

Las baldosas de piso necesitan una superficie lisa y seca, y en su mayor parte los pisos compactos de cemento y los de madera suspendidos deberían prepararse y repararse tal como se describe en detalle en las páginas 10-27. Use un sellador para tapar pisos porosos o polvorientos. Las baldosas suaves como las de vinilo y corcho requieren una superficie suave, pues cualquier irregularidad en el contrapiso hará que la cubierta se gaste con mayor rapidez.

La excepción aparece cuando se quieren colocar azulejos cerámicos o baldosas de cemento en un piso suspendido de madera. Para soportar el peso y evitar las flexiones al usarlo, el piso suspendido deberá ser reforzado fijando planchas de madera contrachapada de 12 mm de espesor con dos manos de imprimación. No utilice madera contrachapada de espesor menor, pues puede verse afectada por la humedad del adhesivo para embaldosar. Fije la madera terciada con tornillos a intervalos regulares, dejando trampas (cajas) de inspección donde sean necesarias para tener acceso a las cañerías o a los componentes eléctricos, tales como las cajas de empalmes colocadas bajo el piso de tablas.

COLOCANDO BALDOSAS DE PISOS

Todas las baldosas de piso se colocan aproximadamente de la misma forma, pero existen diferencias, según sean blandas (vinilo, corcho, goma, linóleo o tapices) o duras (azulejos cerámicos o losetas). Las diferencias están en el tipo de adhesivo empleado, la forma en que se cortan y colocan las baldosas (las duras necesitan un hueco entre ellas).

Si se colocan baldosas formando un diseño, es conveniente dibujar un plano a escala del cuarto, preferentemente en papel cuadriculado, y luego elaborar el diseño a partir de esto, lo cual evitará costosos errores al colocar las baldosas. Un diseño común para las baldosas es el damero, donde alternan baldosas de color claro y oscuro. Pero habría que hacer un diseño original, y las baldosas removibles permiten modificarlo (por ejemplo, reemplazando las baldosas perimetrales).

Cualquier diseño o material que se elija, la primera tarea consistirá en encontrar el centro del cuarto, donde comienza siempre la colocación del embaldosado.

Aquí se ha logrado un aspecto tradicional usando cuadraditos insertos con diseños heráldicos pintados a mano y baldosas de terracota de rico colorido.

REVESTIMIENTOS

Un borde elaborado puede dar una terminación mucho más decorativa a las baldosas vinílicas o de linóleo.

COLOCACIÓN

Para encontrar el centro del cuarto, marque el centro de las dos paredes más largas, y trace una línea de tiza en el piso que una estos centros. Ahora mida el punto central de esta línea y trace otra línea de tiza perpendicular hacia las paredes más cortas. De este modo se obtiene el punto de partida.

Si el cuarto tiene formas especiales, como una chimenea, una ventana saliente o un tocador en el baño, es preferible basar el centro de las baldosas en estos elementos y no en las dimensiones del cuarto. Para lograrlo, proceda de la misma manera descripta anteriormente, utilizando dos líneas de tiza.

De acuerdo con lo expuesto, hay cuatro posiciones posibles para colocar la primera baldosa: la que use será determinada por el ancho dejado en los bordes en que deberá cortar las baldosas para su colocación. Es preferible que las dos baldosas del borde tengan las mismas dimensiones y no sean más pequeñas que la mitad de una baldosa.

Verifique la posición de partida colocando las baldosas sin pegarlas. Utilice las baldosas reales, emplee una vara de calibre con las medidas de las baldosas que usará y ajuste la posición de las baldosas centrales hasta lograr que las de los bordes sean iguales, evitando usar trozos finos, pues son difíciles de pegar.

También se pueden colocar las baldosas en forma diagonal en lugar de paralelas a las paredes del cuarto. En este caso, marque el punto central como antes y coloque una baldosa de tal modo que cada una de sus esquinas siga las líneas de tiza perpendiculares. Fije esta baldosa y luego continúe colocando baldosas siguiendo las líneas a través del cuarto.

Para terminar trace una paralela a cada una de las líneas trazadas.

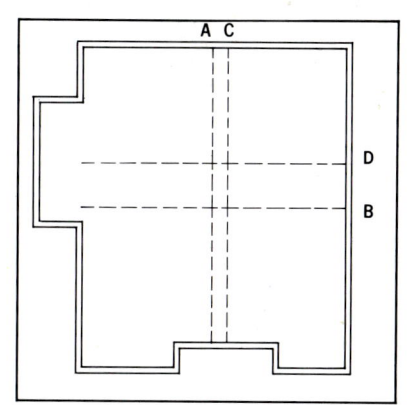

COLOCACIÓN

Si el cuarto tiene detalles prominentes ajuste las líneas del centro (A y B) para que se alineen sobre la campana de una chimenea (C) o una ventana saliente (D).

85

REVESTIMIENTOS

COLOCACIÓN DE BALDOSAS DE PISO BLANDAS

Las baldosas de vinilo, linóleo, corcho, goma y alfombra se colocan todas de la misma manera. La única diferencia está en el adhesivo utilizado; observe que actualmente muchas baldosas son autoadhesivas y sólo hace falta sacar el papel posterior para que queden pegadas.

COLOCANDO LAS BALDOSAS DEL MEDIO

En primer término se debe establecer el punto central en la forma descripta en la página 85, para determinar la posición de la primera baldosa, llamada "baldosa clave". Colóquela sin pegarla (o con el papel de protección todavía adherido), verificando que está alineada con las líneas de tiza y que tiene el aspecto buscado en la habitación. Ahora trace líneas cuidadosamente, extendiendo los bordes de la baldosa inicial, pues de otro modo no podrá ver las líneas cuando coloque la primera baldosa.

Distribuya adhesivo sobre el piso con el secador plástico y coloque un lado de la baldosa sobre la línea marcada. Si se equivoca sáquela inmediatamente y comience de nuevo. A diferencia del adhesivo para azulejos cerámicos, si no se procede así no hay ajuste posterior posible. Observe que en las baldosas de goma el adhesivo se aplica tanto a la baldosa como al piso.

Ahora trabaje hacia fuera a partir de esta baldosa, colocando una a la vez. Cuando distribuya adhesivo sobre el piso cubra tan sólo un metro cuadrado a la vez, aproximadamente. Asegúrese que cada baldosa está paralela y alineada, y unida con fuerza a la siguiente. Si pasa adhesivo entre las juntas, elimínelo en seguida con un trapo húmedo o mojado con alcohol (siga las instrucciones del fabricante). Cuando las baldosas tienen diseños decorativos se suelen colocar en cruz, es decir con las marcas de las adyacentes formando ángulos rectos entre sí.

Continúe colocando baldosas enteras hasta alcanzar los bordes del cuarto, donde habrá que cortar las baldosas para ajustarlas.

COLOCANDO LAS BALDOSAS PERIMETRALES

En el perímetro del cuarto habrá que cortar cada baldosa al tamaño adecuado.

La forma de hacer el corte con precisión consiste en colocar una baldosa entera exactamente sobre la última baldosa entera colocada, y luego colocar arriba una tercera baldosa entera, de tal modo que esté alineada con la del medio, pero apoyando un borde en la pared. Ahora trace una línea con lápiz sobre la segunda baldosa a lo largo del borde opuesto de la baldosa superior. Ésta será la línea de corte.

Ahora tome la baldosa del medio y córtela o quiébrela siguiendo la línea. La parte de la baldosa del medio más alejada de la pared es la baldosa que se coloca y se ajustará exactamente.

Con el mismo procedimiento se utiliza una parte de baldosa ya cortada. Alinee el borde no cortado con el borde trasero de la baldosa de abajo, es decir, con el borde cortado enfrentando la pared, para marcar la segunda línea de corte.

En las esquinas repita el mismo procedimiento dos veces. Para evitar confusiones, escriba A en el piso contra una pared y B contra la otra; luego escriba A y B sobre la parte de debajo de las baldosas como guía para su colocación.

Para las baldosas colocadas diagonalmente, debe hacer una plantilla rectangular de cartulina, cuyo largo sea igual al de la diagonal de la baldosa (para una baldosa cuadrada, 1,414 x su largo). Luego se coloca esta plantilla contra la pared, poniendo una baldosa entera sobre la siguiente, hasta llegar a la última baldosa en cada hilera.

Para colocar la hilera del borde distribuya más adhesivo (o quite el papel de protección) y pegue la baldosa. Probablemente es más fácil hacerlo de a una baldosa por vez, pues el tamaño de las baldosas suele variar ligeramente, y es preferible evitar problemas.

Este diseño audaz destaca las baldosas cuadradas de linóleo, rodeadas por tiras de color contrastante.

86

CONTORNEANDO OBSTÁCULOS

Los cuatro "obstáculos" que se encuentran al colocar baldosas de piso son los armarios fijos (y los lavabos con armario en los baños), los lavatorios con pedestales curvos y los inodoros, las puertas y las cañerías que atraviesan el piso.

Un armario es de fácil manejo, utilizando las técnicas descriptas en la página anterior, para cortar baldosas en los bordes y las esquinas.

Los obstáculos curvos son más difíciles, y lo mejor es cortar una plantilla de papel ligeramente más grande que una baldosa para poder marcar dónde se encuentran sus dos bordes. Doble la plantilla a lo largo de estos dos bordes. Doble o corte la plantilla alrededor del objeto curvo hasta reproducir con exactitud su forma; esté preparado para hacerlo más de una vez. Luego coloque la plantilla sobre la baldosa, alineándola con los bordes y trace su línea de corte. Por último, se corta con tijeras o un cortante.

En las puertas, sostenga la baldosa contra la puerta de ambos lados y marque en los bordes las líneas principales del marco de la puerta; la moldura del marco debe marcarse sobre la baldosa. Luego use un calibre de copiar para reproducir la forma exacta de la moldura y transfiérala a un pedazo de cartulina del tamaño de la baldosa, recorte la forma final y úsela de molde para transferirla a la baldosa.

Para adaptar baldosas blandas alrededor de cañerías que atraviesan el piso, si se trata de una baldosa perimetral, primero córtela al tamaño, luego sosténgala contra la cañería a ambos lados, primero paralela a la última baldosa, y después contra la pared, para poder marcar en la baldosa el lugar donde están los bordes de la cañería. Después utilice una escuadra para continuar esta líneas hasta que se encuentren; el cuadrado del centro es el lugar exacto por donde pasará la cañería. Marque el centro del cuadrado y perfore o corte un círculo ligeramente mayor que la cañería. Haga un solo corte desde el orificio hasta el borde de la baldosa y coloque la baldosa en su lugar, pasando la cañería por el corte.

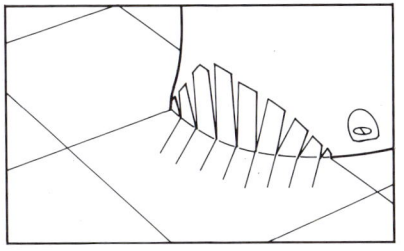

MANEJANDO OBSTÁCULOS CURVOS
Se puede usar una plantilla de papel para reproducir la forma de los objetos curvos.

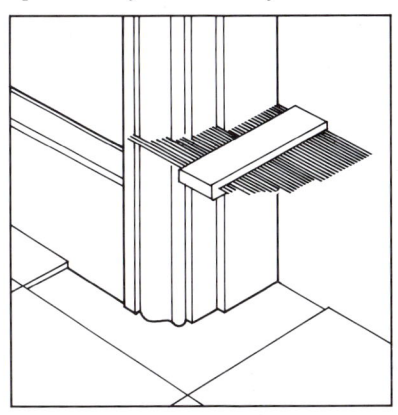

MARCOS DE PUERTAS
Transfiera la forma de las molduras de un marco de puerta a una baldosa utilizando un copiador de perfiles.

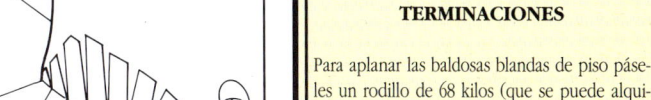

CAÑERÍAS
Recorte un orificio redondo para la cañería y deslícelo hasta el borde de la baldosa.

TERMINACIONES

Para aplanar las baldosas blandas de piso páseles un rodillo de 68 kilos (que se puede alquilar) para asegurarse que quedan perfectamente lisas. Si las baldosas vienen con una cubierta protectora, espere para sacarle la cubierta que se hayan colocado todas las baldosas.

La mayor parte de las baldosas de piso blandas no requieren ningún tratamiento posterior, pero las baldosas de corcho sin sellar deben recibir dos manos de barniz de poliuretano para pisos, dejando pasar algo más de un día desde la colocación. Use una única mano de sellador en las baldosas de corcho selladas.

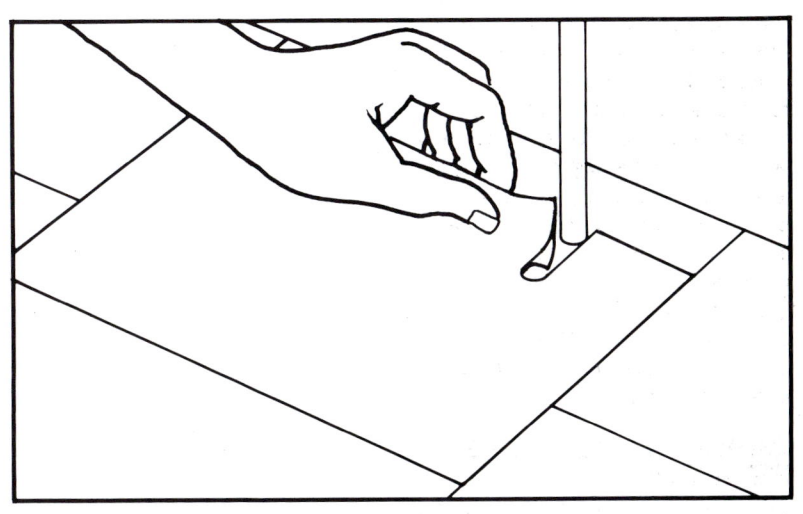

REVESTIMIENTOS

COLOCANDO BALDOSAS DE CORCHO

1. Antes de colocar baldosas de piso blandas, como las de corcho, prepare el piso y donde sea necesario cúbralo con planchas de hardboard de tamaño adecuado.

2. Clave el hardboard con clavos especiales para este material.

3. Encuentre el centro del cuarto y comience a colocar las baldosas allí, de tal modo que las baldosas perimetrales tengan un ancho uniforme no inferior a la mitad de una baldosa. Vaya hacia afuera distribuyendo adhesivo, a menos que las baldosas sean autoadhesivas.

4. Coloque las baldosas enteras hasta llegar a los bordes.

5. Corte las baldosas del borde colocando una baldosa entera sobre la última baldosa entera, y una tercera baldosa contra la pared para dar la línea de corte.

6. Distribuya más adhesivo y coloque las baldosas del borde de a una. Las baldosas de las esquinas requerirán un doble corte.

7. Cualquier adhesivo que se filtre hacia la superficie de la baldosa debe ser eliminado inmediatamente con un trapo húmedo o usando alcohol.

8. Para las baldosas de corcho sin sellador, aplique dos manos de barniz de piso después que todas las baldosas se hayan colocado y el piso se haya secado.

COLOCANDO BALDOSAS PERIMETRALES

Se pueden crear efectos muy interesantes colocando algunas baldosas perimetrales angostas (de vinilo y linóleo) y con diseños decorativos. Su efecto consiste en dar relieve al piso principal y se pueden colocar en el borde extremo o un poco más adentro, de tal modo que haya baldosas simples tanto adentro como afuera del borde y en los rincones donde los bordes se unen.

Las baldosas de linóleo en forma de diamante vienen en largos recortados alrededor de un diamante para que encajen entre sí. Extienda las dos tiras perimetrales para que calcen exactamente en el ángulo, para lo cual se debe cortar el encastre antes de colocar las dos tiras.

Las baldosas perimetrales contra las paredes deben ser colocadas antes que el piso principal. Si se desea colocarlas lejos de las paredes, por el contrario, comience con el cuerpo principal, luego instale las del borde y finalmente coloque las baldosas entre el borde y la pared. Habrá que encontrar la posición de las baldosas del borde antes de pegar el piso, y luego marcar el borde interior con un lápiz o utilizando una línea de tiza como guía para la colocación del piso principal.

Las baldosas de borde se colocan en la misma forma que las otras; la única excepción es la forma en que se unen en las esquinas. Aquí habrá que eliminar una pequeña parte de la cobertura y cortar cuidadosamente alrededor del diseño para que la unión sea perfecta. Haga estos cortes antes de pegar la tira de borde, luego distribuya adhesivo y pegue las tiras empezando por la esquina más visible para colocar la unión más perfecta. Distribuya adhesivo y coloque las baldosas perimetrales. Termine sacando la tira de protección y apisonando todo con un rodillo de 68 kilos, en especial los bordes.

COLOCANDO BALDOSAS PERIMETRALES DE LINÓLEO

1. Coloque las tiras perimetrales en "seco" en la posición final y marque la línea de sus bordes interiores.

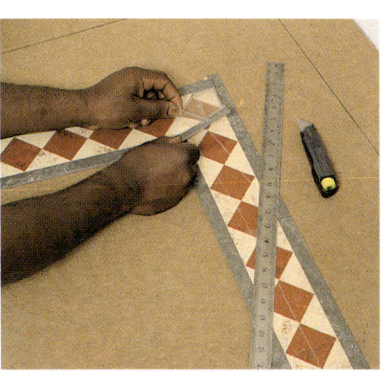

2. Para cortar las esquinas, pele primero una pequeña cantidad del papel protector.

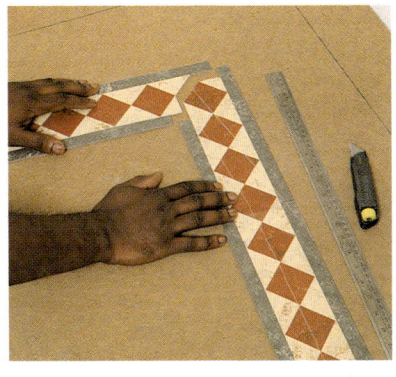

3. Corte con cuidado alrededor del dibujo, de tal modo que los dos pedazos de una esquina se encuentren en ángulo recto.

4. Coloque adhesivo entre la pared y la línea marcada que define el límite de la tira del borde y coloque las tiras presionando fuertemente.

5. Coloque el cuerpo principal de baldosas, saque la cobertura de protección y apisone todo el piso.

COLOCANDO BALDOSAS DE PISO DURAS

La forma de colocar baldosas de piso duras (principalmente azulejos cerámicos y baldosas de cemento y terracota) es levemente diferente del método usado para colocar baldosas blandas: se debe dejar un resquicio entre las baldosas y se usa un adhesivo diferente. También el corte de las baldosas es mucho más difícil. Las baldosas de terracota se colocan de la misma manera que las de cemento. El piso compacto deberá estar razonablemente nivelado. Los compuestos de nivelación se pueden usar para los azulejos cerámicos, pero no se necesitan para las baldosas de cemento, pues el espeso adhesivo basado en cemento hace tolerables algunas irregularidades. Los pisos de madera suspendidos deben ser reforzados con madera terciada tratada para exteriores de **12 mm de espesor**, o bien se pueden quitar las tablas del piso, reemplazándolas con planchas de aglomerado (ver páginas **20-21**). En ambos casos deje trampas de inspección si son necesarias.

COLOCANDO LAS BALDOSAS

Las baldosas deben colocarse en la forma descripta en la página 85, es decir: encuentre primero el centro del cuarto y luego calcule el ancho de las baldosas perimetrales ajustando la posición del centro para obtener bordes iguales. Las baldosas perimetrales deberían tener por lo menos la mitad del ancho de una baldosa.

Los azulejos cerámicos y las baldosas de cemento hechas a máquina se pueden colocar sobre una cama de adhesivo, tal como lo recomiendan los fabricantes (un adhesivo sobre base de cemento para las baldosas de cemento. Si los azulejos cerámicos no tienen espigas plásticas espaciadoras, puede comprar espaciadores externos de plástico. Si quiere dar una nota con las líneas de pastina, improvise algunos espaciadores más amplios, como varillas de 6 mm. Para las baldosas de cemento use maderas de 6 mm para los huecos a rellenar con pastina.

Después de calcular el espaciado de las baldosas, coloque un listón de madera a través del centro del cuarto y úselo como guía para colocar las baldosas. Coloque alrededor de un metro cuadrado de adhesivo por vez, coloque las baldosas y presione hacia abajo dejando la distancia correcta entre ellas. Verifique que las líneas de baldosas sean rectas y los huecos entre ellas sean continuos.

Coloque todas las baldosas enteras en una mitad del piso, saque el listón y luego embaldose la otra mitad. Deje secar el adhesivo durante 24 horas antes de cortar y colocar las baldosas perimetrales. No debe caminar sobre ellas en este ínterin. Las baldosas de algunos cuartos (tales como las cocinas y baños), pueden pisarse por la mitad un día y la otra mitad el día siguiente. Termine el trabajo aplicando la pastina recomendada.

El espesor de las baldosas de cemento hechas a mano varía. Es necesario colocarlas sobre una mezcla pastosa de cemento y agua y nivelarla con un nivel de burbuja y una guía maestra de referencia de cemento. Presione las baldosas en la mezcla usando tiras espaciadoras de 6 mm constatando regularmente con una regla metálica si quedan todas lisas y planas. Si alguna baldosa excede el nivel, presiónela hacia abajo usando un bloque de madera; si cualquiera de las baldosas está por debajo del nivel, palanquee hacia arriba y agregue más mezcla.

Siga así hasta que estén colocadas todas las baldosas enteras y luego deje por lo menos 12 horas sin transitar, hasta que el cemento se seque. Luego corte y coloque las baldosas perimetrales.

CORTANDO BALDOSAS DURAS

Para medir las baldosas duras perimetrales, use una cinta métrica de acero para encontrar la distancia entre la última baldosa entera colocada y la pared (mida ambos extremos de la pared pues el hueco podría disminuir gradualmente) y transfiera la medida a la baldosa, dejando espacio para el hueco destinado a la pastina.

Los azulejos cerámicos de piso y las baldosas de cemento son más gruesos que las baldosas cerámicas de pared; por eso es más difícil cortarlas. Se necesita una máquina cortadora de baldosas (que se puede alquilar para esta tarea) y para cortar curvas (por ejemplo, alrededor de una pileta de lavar). Es bueno usar una amoladora (también se puede alquilar) provista de un disco para cortar mampostería.

Para colocar baldosas duras alrededor de una cañería que atraviese el piso, marque la posición y el tamaño de la cañería sobre la baldosa tal como se describe en la página 47, perfore un orificio más grande que la cañería en la baldosa y luego corte la baldosa en dos, colocando las mitades a uno y otro lado de la cañería (ver diagrama más abajo).

RELLENANDO LAS UNIONES

Los huecos entre los azulejos cerámicos de pisos se rellenan con pastina en la misma forma que los azulejos cerámicos de pared (ver página 79).

Para las baldosas de cemento use la pastina recomendada o una mezcla seca de una parte de cemento con una parte de arena, para rellenar la parte inferior de las juntas y luego use una mezcla de pastina con cemento y agua para la terminación. Emplee un rodillo de goma resistente para presionar la mezcla de base y la mezcla de pastina en las uniones. A medida que se seca se le da una forma cónica con un corto trozo de goma flexible. Efectúe la terminación de las uniones con una esponja húmeda.

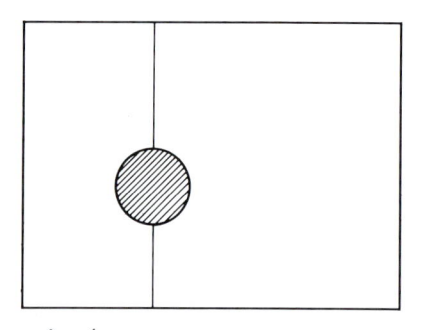

CAÑERÍAS

Para colocar una baldosa dura alrededor de una cañería, corte a través de la baldosa después de hacer un orificio para la cañería.

REVESTIMIENTOS

COLOCANDO BALDOSAS DE TERRACOTA

1. Para colocarlas emplee un adhesivo con base de cemento, distribuido en un espesor de 6 mm.

2. Alise el adhesivo con una pala de acero dentada para formar surcos.

3. Empuje las baldosas hacia abajo dejando los huecos para la pastina entre ellas.

4. Verifique el tamaño de los huecos con varillas espaciadoras, y si fuera necesario, deslice las baldosas para mantener una línea uniforme de separaciones.

5. Para cortar las formas curvas en baldosas de terracota use una amoladora de mano provista de un disco para cortar mampostería.

6. Cubra las baldosas de terracota con una solución de aceite de lino hervido, aplicado con un rodillo de pintor.

TERMINACIONES

Los azulejos cerámicos no requieren ninguna terminación posterior al margen de eliminar la pastina (*antes que se endurezca*) y de limpiarlos con una esponja húmeda y pulirlas con un trapo seco. Para las losetas de cemento, la terminación tradicional consiste en pulirlas con cera, pero hoy existe la alternativa de pasar un rodillo sobre la superficie con una solución de aceite de lino hervido.

7. Fuerce una mezcla de cemento y agua entre las baldosas con una resistente espátula de goma.

8. Termine los huecos con un pedazo flexible de caño de goma para obtener una forma cóncava.

Página opuesta: *Los azulejos cerámicos de piso de gran tamaño organizados para producir un gran efecto con sus bordes complementarios y rodeados por baldosas comunes producen un diseño similar a un cuadro.*

GLOSARIO

Adhesivo de látex: Pegamento empleado en la reparación de alfombras.

Aglomerado: Material de revestimiento fabricado con astillas de madera encolada.

Alfombras reforzadas: Alfombras de fibras adheridas a una base.

Alzada: Parte vertical de los escalones.

Balaustrada: Columnitas verticales que junto con el pasamanos forman la baranda de una escalera.

Barra de umbral: Barra metálica, generalmente de bronce, que da terminación a los bordes de las alfombras.

Brecha de expansión: Pequeño espacio que se deja en los bordes de los pisos de madera para dar lugar a su expansión. Habitualmente se cubre con zócalo o moldura.

Cemento líquido: Mezcla especial de cemento y agua utilizada para afirmar pisos de piedra artificial.

Clavado invisible: Método para asegurar pisos machimbrados. Se utilizan clavos sin cabeza y la saliente de una tabla es cubierta por la acanaladura de la de al lado, con lo cual el clavo queda escondido (ver página 45).

Hardboard: Un tipo de tabla de fibra que se usa debajo del revestimiento en pisos desparejos.

Humedad ascendente: Tendencia natural de la humedad a penetrar en paredes y pisos, especialmente desde el suelo. Se combate con una membrana impermeable en los pisos y una capa de material impermeable en paredes.

Huella: Parte horizontal de los escalones de una escalera, que hacen ángulo con la alzada.

Laca: Resina natural usada para sellar pisos de tablas.

Ladrillos de pavimento: Ladrillos especiales para pisos.

Linóleo: Material de cobertura fabricado con aceite de linaza, corcho y aserrín.

Listón o tablón: Nombre genérico para designar una tira de madera, frecuentemente usada como soporte.

Machimbrado: Método de encastre y terminación de los bordes de las tablas de piso. Cada tabla tiene en su borde una saliente (macho) que encaja perfectamente en la acanaladura (hembra) de la adyacente.

Madera enchapada: Tablas formadas por tres o más láminas de madera encoladas con aglomerado, ligadas de manera que aumenten su fortaleza.

Membrana anti-humedad: Capa impermeable colocada en los pisos compactos para impedir el ascenso de la humedad del suelo.

Moldura cóncava: Moldura de base cuadrada y frente cóncavo, usado para cubrir las zonas de expansión en los pisos de madera.

Mortero: Mezcla de cemento, arena y agua usado como base en pisos compactos.

Mosaico cerámico: Pequeñas piezas de cerámica montadas sobre una base, que forman un revestimiento.

"Nariz": Borde curvo del frente de los escalones.

Parquet: Revestimiento para pisos formado por bloques individuales de madera que forman un diseño geométrico.

Pavimento de mosaico (de madera): Revestimiento de pisos consistente en angostas tablillas encoladas sobre una base, que forman un "entretejido".

Pie de balaustrada: Pieza de forma curva que en cada escalón sirve de apoyo a la balaustrada de las escaleras.

Pilar de escalera: La base de apoyo de la baranda.

Piso suspendido: Piso de tablas de madera o chapas de aglomerado montadas sobre viguetas amuradas.

Polipropileno: Fibra artificial utilizada en la fabricación de alfombras. Es muy empleada por su bajo costo.

Resina: Producto obtenido de la madera (generalmente de pino) usado para sellar pisos de madera.

Tabla de fibra: Material de revestimiento fabricado con fibras de madera encoladas. Es más fuerte y uniforme que el aglomerado.

Tablas de yeso: Piezas macizas de yeso en forma de tablones forradas en papel que se clavan a las vigas del cielorraso.

Tira de agarre: Varilla de madera con espigas metálicas en ángulo, que se fijan alrededor de la habitación para asegurar la alfombra.

Tira de expansión: Tira de corcho usada para cubrir una brecha de expansión expuesta.

Vinilo: Abreviatura de cloruro de polivinilo, material muy utilizado en la fijación de pisos.

Zócalo: Tabla alargada de madera asegurada a la pared, utilizada para marcar el límite entre la pared y el piso.

INDEX

A
Accesorios sobre azulejos, su fijación, 83
Aglomerado
    Colocando pisos nuevos de, 20, 21
    Nivelación, 21
    Removiendo sectores, 20
    Reparación, 20, 21
Aislación de pisos, 19
Alfombras
    Bajoalfombra, 51, 59, 62
    Calculando el alfombrado, 55
    Cortadas a medida, 55
    De acrílico, 51
    De hebras, 51
    De lana, 51
    De nylon, 51
    De polipropileno, 51
    Reforzadas, 51
    Tejidas, 51
    Tipos de alfombramiento, 51, 52, 53
    Uniendo alfombras, 57, 59
Alfombras, colocando baldosas de, 64
Alfombras, embaldosado de, 30, 69
Alfombras, su colocación
    Ajustando las tiras de soporte, 58
    Con base de espuma, 56-57
    Con base textil, 58-61
    De alfombras sin base incorporada, 58
    Equipamiento, 54
    Preparación, 55
    Preparando la superficie, 55
    Sobre escaleras y escalones, 62, 63
Azulejos
    "Campo" de los azulejos, 77
    Cerámicos, 69
    Cortando azulejos cerámicos, 80
    De los bordes, 77
    De piso, 29
    Fijación, 76-80
    Reparación, 82

B
Bajoalfombra, 51, 59, 62
Balaustradas y pasamanos, reparación, 24
Baldosas de alfombra, colocación, 64
Baños, terminaciones de pisos, 33

C
Cables
    Debajo de los pisos, 12
    Detectores, 15
    Marcando su ubicación, 12
Cajas de inspección, su calado, 17, 49
Comedores, revestimientos de pisos, 32
Conductos
    Detectores, 15
    Marcando su ubicación, 12
Corcho
    Colocando baldosas, 88
    Revestimientos, 30, 69, 81
Cubiertas de pisos
    Alfombra, 30
    Baldosas de alfombra, 30, 64, 69
    Baldosas de cemento, 29
    Baldosas de cerámica, 29
    Baldosas de corcho, 30
    Baldosas de madera, 29
    Baldosas de terracota, 29
    Blandas, 30, 31
    Bloques de madera, 29
    Consideraciones de diseño, 34
    De goma, 31
    De ladrillo, 29
    De linóleo, 30
    De mármol, 29
    De parquet, 29
    De piedra, 29
    De piedra artificial, 29
    De pizarra, 29
    De vigas de madera, 39
    De vinilo, 30, 64-67
    Duras, 29
    Efectos visuales, 35, 36
    Elección, 28, 29
    En baños, 33
    En cocinas, 33
    En comedores, 32
    En dormitorios, 32
    En halls, 32
    En jardines de invierno, 33
    En livings, 32
    En vestíbulos, 32
    Fibra de coco y sisal, 31
    Sobre escaleras, 33
    Tapices, 31
    Tiras de madera, 29

D
Descomposición por humedad, 13
Diseños con azulejos de pared, 37
    Calcomanías, 37
Dormitorios, terminaciones de pisos, 32
Durabilidad de las alfombras, 33

E
Equipos
    Básico y general, 8, 9
    Para azulejos, 70
    Para colocar alfombras, 54
    Para colocar revestimientos en rollos, 66
    Para pisos de madera, 41
Escaleras
    Ajustando balaustradas, 24
    Ajustando pasamanos, 24
    Alfombrando, 62, 63
    Elección de coberturas, 33
    "Narices" gastadas, 23
    Reparaciones, 22-24
    Reparando escalones gastados, 23
    Reparando rajaduras, 22
    Reponiendo bloques encolados, 22
Espejos, revestimientos de
    En paredes, 81
    En pisos, 69
Esteras de coco, 31, 51
Esteras de sisal, 31, 51
Esterillas, 51

G
Gusano de la madera, 14

H
Hebras, alfombras de, 51
Herramientas
    Equipos básicos, 8, 9
    Para colocar rollos, 66
    Para reparar pisos, 15
Humedad, 13

I
Instalaciones debajo del piso, 12

L
Lana, alfombras, 51
Linóleo, 30
    Revestimientos de, 69
Livings, terminaciones de pisos, 32

M
Madera, Pisos de
    Calado de trampas de inspección, 17
    Colocación, 44
    Mosaicos, 39, 44
    Parquets, 39
    Reparación, 16
    Restaurando tablones, 39
    Revestimientos nuevos, 39
    Suspendidos, 13, 14
    Sustitución de tablas, 16
    Sus ventajas, 38
    Tablones flojos, 16
    Tablones nuevos, 39
    Tipos, 40
Mosaicos de madera, 39
Mosaicos de otros materiales, 69, 81

P
Paredes, su revestimiento, 74, 83
Pastinando, 79
Puliendo pisos, 42, 43
Pisos
    Compactos, 11
    Compactos, diagnóstico de problemas, 13
    De aglomerado, 20, 21
    Diagnosticando problemas, 13, 14
    Embaldosados, 84-91
    Flojos, 16
    Herramientas para repararlos, 15
    Pulido, 42, 43
Pisos compactos
    Nivelación, 26, 27
    Reparación de superficies, 25-27
Pisos de ladrillo, 29
Pisos de madera, 39
    Ajustando el piso con las puertas, 48
    Calado de cajas de inspección, 49
    Colocación, 44-46
    Contorneando conductos, 47
    Diversos problemas, 13, 14
    Equipamiento, 41
    Problemas de instalación, 47
    Terminaciones, 48, 49
    Tipos, 39
Pisos suspendidos, 11
    Aislación, 19
    Condensación o humedad, 26
    Diagnóstico de problemas, 13, 14
    Impermeabilización, 26
    Reparación, 25, 27
    Reparaciones localizadas, 25
Poliestireno, revestimientos, 69
Polipropileno, alfombras, 51

R
Revestimientos
    De baldosas de cemento, 60
    De caucho, 69
    De corcho, 69, 81
    De espejo, 69, 81
    De fibra mineral, 69
    De ladrillo, 69
    De linóleo, 69
    De mosaico, 69, 81
    De piedra, 69, 70
    De poliestireno, 69
    Tipos, 69
    Variedades, 68
    Vinílicos, 70
Revestimientos de paredes
    Calculando, 73
    Cerámicos, su fijación, 76-80
    Eliminando revestimientos viejos, 75
    Herramientas y equipos, 70
    Midiendo, 73
    Pastinando, 79
    Preparación, 70
    Preparación de superficies, 73
Revestimientos de pisos
    Ajuste de las baldosas del medio, 86
    Ajuste de las baldosas de los bordes, 86
    Baldosas duras, colocación, 90, 91
    Colocación de baldosas, 87
    Colocando baldosas de terracota, 91
    De corcho, colocación, 88
    Método de ajuste, 85
    Perimetrales, 89
    Pisos blandos, colocación, 86-89
    Preparando la superficie, 84
    Sorteando obstáculos, 87
    Terminaciones, 87

S
Secar humedad, 13

T
Tablas de madera para pisos
    Flojas, 16
    Nuevas, 19, 39
    Pisos ruidosos, 18, 19
    Rellenado de rendijas, 18
    Su corte exacto, 47
    Su reemplazo, 16
    Su restauración, 39
Tablas de revestimiento, 39
    Asegurándolas, 45
    Colocación, 45, 46
    Corte exacto, 47
Tejidas, alfombras, 51
Terracota, revestimientos de pisos, 29
Trampas de inspección, su calado, 17, 49

V
Vinilo, 30
Colocación, 64-67
Herramientas y equipos, 66
    Revestimientos varios, 70
    Trazados, 67
    Uniones, 67

CREDITOS FOTOGRAFICOS

Los autores y los editores desean agradecer a las siguientes compañías y sus respectivas agencias por las fotografías utilizadas en este libro:

The Amtico Company Ltd: paginas 6/7, 33 arriba derecha.
Campbell Marson and Company Ltd: pagina 32 abajo.
Corres Mexican Tiles: páginas 33 abajo, 77.
Crucial Trading: páginas 31 arriba, 33 arriba izquierda.
Dulux: páginas 32 arriba, 34, 35 abajo, 38, 39.
Fired Earth Tiles plc: páginas 2, 28, 29, 37 arriba, 74.
Forbo-Nairn Ltd: portada, páginas 65, 86.
Heuga UK Ltd: páginas 30 arriba, 50.
H & R Johnson Tiles Ltd/Cristal: contraportada, páginas 37, 68, 76, 90.
Junckers Ltd: páginas 10, 44, 47 abajo izq., 48.
Kosset Carpets Ltd: páginas 56, 57.
The Merchant Tiler: páginas 37 abajo izq., 73, 84.
Nice Irma's Ltd: página 31 abajo.
Tomkinsons Carpets Ltd: páginas 36, 55, 62.
Wicanders (GB) Ltd: página 30 abajo.
Woodward Grosvenor: páginas 35 arriba, 58.

AGRADECIMIENTOS

Los autores y los editores desean agradecer a las siguientes compañías y a sus agencias por la información y el préstamo y / o provisión de materiales y equipamientos utilizados en este libro:

Black & Decker Ltd
The Carpet Bureau
Crucial Trading
Fired Earth Tiles plc
H S S Hire Group Ltd
H & R Johnson Tiles Ltd/Cristal
Junckers Ltd
The Merchant Tiler
Mosley-Stone
Plasplug Ltd
W C Youngman

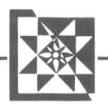